Undergraduate and Graduate Admission Systems in East Asia

東アジアの大学・大学院入学者選抜制度の比較

― 中国・台湾・韓国・日本 ―

南部広孝

東信堂

まえがき

　わが国において、大学入学者選抜（大学入試）は一貫して大きな社会的関心事であり続けている。大学入試センター試験や国公立大学の第2次試験の実施は毎年テレビや新聞に取り上げられ、試験問題や解答例が試験翌日の新聞に掲載されたり、試験開始が5分遅れた会場があったというようなことまでがニュースとして報道されたりしている。一連の試験が終われば、主要大学にどの高等学校が何人合格者を出したか、それは前年度と比べて増えたのか減ったのかといった話題が週刊誌をにぎわせている。当事者である受験者は自分がどこへ進学するのかを決めるために各大学がどのような選抜を行っているのかについて情報を集めるし、親は自分の子どもがどんな大学に行くのか気をもんでいる。もう一方の当事者である大学は、いかにして優秀な学生を集めるか、あるいは近年では大学によってはどのようにして入学定員を満たすだけの学生を確保するのかという観点から、選抜のしかたに知恵を絞っている。国レベルでは、例えば2014年12月に出された中央教育審議会答申「新しい時代にふさわしい高大接続の実現に向けた高等学校教育、大学教育、大学入学者選抜の一体的改革について ── すべての若者が夢や目標を芽吹かせ、未来に花開かせるために ── 」で、大学入学希望者の多様化をふまえた「公正」な選抜の確立が謳われているように、社会の変化に伴って望ましい制度のあり方を検討しつつある。

　このような状況はわが国に限らない。近隣の東アジア諸国を見れば、中国や韓国における受験競争の激しさはわが国でもよく知られているし、不正行為などが発覚すれば、そのニュースはわが国でも報道されるほどである。台湾でも同じような状況が見られる。いずれの社会においても、大学入試は社会的に高い関心を集めている。これらの国ではまた、「よりよい」制度を求

めてわが国よりも頻繁に入試改革が行われている。

　ところで、大学院入学者選抜（大学院入試）の方はどうだろうか。こちらは学部教育よりさらに上の教育段階に入学する者を選抜するしくみであるが、出題ミスが時折報道される程度で、ある大学院（研究科）の入学試験が始まったとか、今年はどの大学からの進学者が多かったというようなニュースが報道されたとは寡聞にして知らない。現在少なからぬ研究科が説明会を開催するようになっているし、大学院進学希望者を対象とする予備校も存在しているようなので、それなりに関心は高まっていると考えられるが、大学院入学者選抜は、大学入学者選抜に比べると社会的にそれほど注目されているわけではない。その理由の1つは、大学院教育を受ける者の数が大学教育よりも依然としてかなり少ないことだろう。ただし、大学院教育を受けようとする者は増えてきたので、それに伴って彼らを選抜する入学試験に対する社会的関心がこれまでより高まってもよいように思われる。このように大学院入学者選抜が大学入学者選抜に比べて社会的関心が低いのは、中国、台湾、韓国でも同様であるように見受けられる。一方で、大学院教育のあり方、とくにその質の向上や役割の多様化についてはどの国でも近年、重要な課題だとみなされて検討が進められ、改革が行われている。

　わが国ではこれまで、誰が高等教育を受けるべきなのかとか、そのような人をどのように選ぶのが適切なのかについて考えるとき、ほとんどの場合、大学教育（学部）段階を念頭に置いて議論されてきた。大学院教育がテーマになるとその入学者選抜に言及されることはあったものの、その場合でも、あくまで大学院入学者選抜に絞った議論に終始してきた。もちろん、大学教育段階と大学院教育段階には違いがあるので、それぞれの入学者選抜を個別に検討することも必要ではあるだろう。しかし同時に、これらの入学者選抜はどちらも高等教育を受けようとする者を選ぶための制度であることから、一国内においては一定の共通性があると考えられる。おそらく、当該国における大学像や大学に期待する役割、大学が養成すべき人材像、社会における公平や公正に対する考え方などはどちらの入学者選抜にも同じように反映されている側面があるのではないだろうか。すなわち、一国においては、その

ような共通の基盤をもとにして大学入学者選抜制度と大学院入学者選抜制度が整えられている面がある（共通性）とともに、対象となる教育段階が違うことによりこれら2つの制度には差異も存在している（相違性）というのが本書の前提とする考えである。

　以上をふまえて、本書では、東アジア諸国・地域（以下、国と略）の国ぐにを取り上げ、各国における歴史的変遷や高等教育の状況をまとめつつ、それぞれの国の大学入学者選抜制度と大学院入学者選抜制度の概要と特徴、改革動向を整理したうえで、それぞれの制度について各国の共通点と相違点を比較分析するとともに、大学教育段階と大学院教育段階での共通点と相違点を横断的に考察した。取り上げたのは、中国、台湾、韓国、そして日本の4か国である。これらの国ぐにには、歴史的変遷も現在の国家体制や経済水準も異なっているが、激しい進学競争と受験加熱が見られ、その解決が模索されている点や、東アジアの伝統的な観念が、今日までまったく変わらず継承されているわけではないが広くいきわたっている点で、ある程度の共通性が存在していると考えることができる。本書は、こうした共通性を持つ各国を比較的に分析することで、それぞれの国の状況とともに日本の制度的特徴を明確にし、今後の方向性を考える手がかりを得ようとするものである。

　本書は次のような構成となっている。まず序章において、問題関心を整理し、本書の目的と分析の枠組みを提示している。続いて、まず諸外国の制度や改革状況を理解するために第1章から第3章まではそれぞれ中国、台湾、韓国を取り上げて検討し、それから第4章で日本の制度についてまとめた。これら4つの章では共通にまず、大学入学者選抜制度と大学院入学者選抜制度を考えるうえでの前提として、第二次世界大戦後の社会の変容と教育政策の変化を整理し、続いて高等教育制度の概要と1990年代以降の改革動向をまとめている。それから大学入学者選抜制度及び大学院入学者選抜制度それぞれの大まかな変遷と現在の状況を整理、分析し、最後にそれぞれの国における両制度の特徴を検討した。これらの章は、章ごとに各国の状況をまとめているが、各章の節構成は統一してあるので、4つの章の同じ節を読んでいけば1つのテーマについての横断的な理解が得られるだろう。これら4つの

章をふまえて第5章では、4か国の大学入学者選抜制度と大学院入学者選抜制度を国家横断的に比較し、国ごとに2つの制度の異同や特徴を明らかにするとともに、2つの段階を縦断的に比較することで、教育段階による違いを考察した。

　本書を通じて、東アジア各国における大学入学者選抜、大学院入学者選抜の制度的枠組みを整理するだけでなく、比較分析を通じてそれぞれの特徴を明らかにしようとしている。これによって、各国の制度についてのみならず、そうした制度を整えているそれぞれの社会についても理解を深めることができるだろう。あわせて、2つの段階の入学者選抜制度の異同を検討することで、大学教育と大学院教育の異同やその接続を考える手がかりを得られるように思われる。そして、このような比較分析を行うことは、わが国の大学入学者選抜制度、大学院入学者選抜制度を相対化することにつながると考える。

　わが国では現在、大学入学者選抜制度の見直しが議論されているし、大学院教育のあり方についても繰り返し議論の俎上にのせられている。本書によって明らかになったことがそうした議論の一助となれば幸いである。

　　平成27（2015）年8月

南部　広孝

東アジアの大学・大学院入学者選抜制度の比較
―― 中国・台湾・韓国・日本 ――

目　次

まえがき ……………………………………………………………………… i

序　章　問題関心と本書の目的 ………………………………………… 3
1．世界的に進む高等教育改革の背景 ……………………………… 3
2．大学教育を受ける者をどのように選ぶのか …………………… 5
3．大学院教育の拡大と入学者選抜 ………………………………… 8
4．本書の目的と枠組み ……………………………………………… 9
5．先行研究の検討 …………………………………………………… 13
6．用語について ……………………………………………………… 15

第1章　中国における大学及び大学院の入学者選抜 …………………… 21
1．歴史的・社会的背景と教育政策の変遷 ………………………… 21
2．高等教育制度の概要 ……………………………………………… 24
3．高等教育改革の動向 ……………………………………………… 27
4．大学入学者選抜制度 ……………………………………………… 31
5．大学院入学者選抜制度 …………………………………………… 43
6．中国における大学入学者選抜及び大学院入学者選抜の特徴 …… 49

第2章　台湾における大学及び大学院の入学者選抜 …………………… 56
1．歴史的・社会的背景と教育政策の変遷 ………………………… 56
2．高等教育制度の概要 ……………………………………………… 59
3．高等教育改革の動向 ……………………………………………… 61
4．大学入学者選抜制度 ……………………………………………… 64
5．大学院入学者選抜制度 …………………………………………… 74
6．台湾における大学入学者選抜及び大学院入学者選抜の特徴 …… 86

第3章　韓国における大学及び大学院の入学者選抜 …………………… 92

1. 歴史的・社会的背景と教育政策の変遷 ……………………… 92
2. 高等教育制度の概要 ……………………………………………… 95
3. 高等教育改革の動向 ……………………………………………… 98
4. 大学入学者選抜制度 ……………………………………………… 100
5. 大学院入学者選抜制度 …………………………………………… 107
6. 韓国における大学入学者選抜及び大学院入学者選抜の特徴 … 113

第4章　日本における大学及び大学院の入学者選抜 …………………… 118

1. 歴史的・社会的背景と教育政策の変遷 ……………………… 118
2. 高等教育制度の概要 ……………………………………………… 121
3. 高等教育改革の動向 ……………………………………………… 123
4. 大学入学者選抜制度 ……………………………………………… 127
5. 大学院入学者選抜制度 …………………………………………… 137
6. 日本における大学入学者選抜及び大学院入学者選抜の特徴 … 145

第5章　比較考察 …………………………………………………………… 150

1. はじめに …………………………………………………………… 150
2. 東アジア諸国における高等教育の変容 ……………………… 150
3. 各国の大学入学者選抜と大学院入学者選抜 ………………… 157
4. 比較的考察 ………………………………………………………… 161
5. おわりに …………………………………………………………… 170

終　章　２つの入学者選抜制度から見えるもの ………………………… 172

1. 東アジア諸国における大学入学者選抜制度、大学院入学者
　 選抜制度 …………………………………………………………… 172
2. 各国内における大学入学者選抜と大学院入学者選抜の
　 共通性 ……………………………………………………………… 174
3. 大学入学者選抜と大学院入学者選抜──教育段階の違いによる異同　176

4．まとめと今後の課題 ……………………………………… 177

引用・参考文献 …………………………………………………… 179
あとがき ………………………………………………………… 188
索引 ……………………………………………………………… 193

東アジアの大学・大学院入学者選抜制度の比較
―― 中国・台湾・韓国・日本 ――

序章　問題関心と本書の目的

1．世界的に進む高等教育改革の背景

　現在、日本を含め世界の多くの国ぐにでさまざまな高等教育改革が進められている。高等教育のありようは、それぞれの国の歴史的条件によって規定されるだけでなく、それが置かれた社会的な状況によっても影響を受けてきた。現代社会が近代的な制度の体系を備えているという点からすれば、高等教育はそうした制度の1つとして学校教育制度の中で構築されるとともに、密接に関連する他の政治的、経済的、社会的な制度とより整合的なものとなるように整備されることになる。そして、高等教育をとりまく状況が変容するにつれて、高等教育そのもののありようやそれと他の制度との整合性が問い直され、改革されていく。つまり、状況の変化に伴って、高等教育そのものの課題に対応して改革されることもあれば、他の制度の変化に対応して高等教育の改革が行われることもあるのである。そのような改革が生じる背景、すなわち高等教育をとりまく状況の変化には、各国固有の要因があるだけでなく、どの国にも影響を与えている共通の要因も存在する。

　そうした共通の要因のうち、近年の変化に最も大きな影響を与えているのは国際化・グローバル化の進展であろう。ヒト、モノ、カネ、情報そして技術が国境を越えて頻繁に移動する状況が、経済の領域では言うまでもなく、政治や文化の領域でも生じている[1]。このことは、高等教育に対して2つの影響を同時にもたらしている。すなわち、一方では、近代的な制度としての高等教育はこれまでならある程度まで一国内で完結することができたが、近年は、国際交流を行うのに必要な条件や教育内容の国際通用性をより考慮せざ

るを得なくなっている。従来は、歴史的背景や社会経済的条件、大学の役割に対する考え方などの違いにより、各国で高等教育の制度やその運用のしかたには異なる面があったが、当該国の制度として整っていれば、それが他国の制度と不整合であっても大きな問題とはならなかった。しかし現在は、それを一元化させ、共通化させるような方向性が見られるようになっている。つまり、経済のグローバル化やヒトの移動の増加によって、高等教育として備えているべき形式やしくみが国を越えて定義され、各国でその導入が図られようとしているのである。その結果として、各国の高等教育がシステムレベル、機関レベルで見直されることになる。このような動きは、世界大学ランキングの結果が意識されることでも強化されている。

　他方で、高等教育の発展は国の競争力を高める手段だとみなされる傾向がいっそう強まっている。こうした考え方は従来から存在していたが、経済のグローバル化が進むにつれて、国際的な競争で優位に立つために、高等教育はますます国にとって直接役立つことが求められるようになり、見直しが進むことになる。あわせて、個々の大学が資源や名声の獲得をめぐる国際的競争に巻き込まれたりするようにもなっている。こうした趨勢は、上述した共通性とともに、当該国あるいは各大学の独自性や魅力、「セールスポイント」を追求する方向性を生じさせる。つまり、従来それぞれの歴史的、社会的文脈で形成されてきた各国の高等教育制度は、一方では国際的な共通性を一定程度考慮せざるを得なくなっているが、他方では各国が自国の競争力を高める手段としてますますその国にとって役に立つものとなるよう国ごとの独自性を追求し、大学の個性化を図る方向性も示しているのである。

　また、知識基盤社会への移行の動きも各国の高等教育のありように影響を与えている。知識基盤社会とは、例えば、2005年に出された中央教育審議会答申「我が国の高等教育の将来像」によれば、「新しい知識・情報・技術が政治・経済・文化をはじめ社会のあらゆる領域での活動の基盤として飛躍的に重要性を増す」社会のことである[2]。こうした社会の特質として、(1) グローバル化のいっそうの進展、(2) 知識の進展をめぐる絶え間ない競争と技術革新、(3) 知識の進展に伴うパラダイムの転換、(4) 性別や年齢を問わない

参画の促進の4点が挙げられる[3]。このような特質を有する社会における高等教育は、知識の生産の場としてその重要性をこれまで以上に高めると同時に、たんに特定分野の専門知識を持つだけではない、幅広い教養と高い公共性・倫理性を備えた人材の養成を行う場としてもいっそう重要になる。それは、個人の発達やよりよい社会の建設という点から重要であるのみならず、すでに述べた国際化・グローバル化の流れの中で生じる国の国際競争力の向上と合致する方向性でもある。こうした時代認識によって、産業社会を前提として設計された高等教育システムや大学は新たな時代と社会にふさわしいあり方を模索しなければならなくなっている。

さらに、国のガバナンスのあり方として「小さな政府」志向の政策や規制緩和策がとられるようになっていることも多くの国で観察される。繰り返しになるが、高等教育の制度はそれぞれの国の他の制度と関連しており、全体として整合的なものとなるよう整えられてきた。例えば、第二次世界大戦後社会主義体制を選択した国ぐにでは、当然のことながらその体制に合致した高等教育制度を構築していったし、植民地から独立を果たした国では、旧宗主国の影響が多かれ少なかれ残ったかもしれないが、自ら選択した国の体制にあうように制度を整備しようとした。それが1980年代以降、そうした国を含む多くの国ぐにで「小さな政府」志向や、規制緩和、地方分権化といった政策がとられるようになり、それに伴って各国の高等教育もそうした変化がもたらした環境にふさわしいものとなるよう改革が迫られてきた。システムレベルで分権化が進み、機関ごとの運営自主権が増す一方、高等教育の質が問われ、その維持向上を図るしくみが整えられてきている。その際、国際化・グローバル化の潮流の中で、国を越えた共通の思想や制度が導入されたり、国レベル、機関レベルでの競争やランキングで優位に立つための戦略が構想されてきたりしている。

2. 大学教育を受ける者をどのように選ぶのか

各国はこうした大きな潮流の中で、それぞれの歴史的、社会的文脈をふま

えつつ、大学教育の量的拡大を図り、高等教育の見直しを進めている。その内容はもとより多岐にわたるが、改革の焦点の1つは高等教育の最初の入口、すなわち大学入学者選抜制度のあり方である。高等教育の改革として教育内容や教授法、高等教育に関わるガバナンスなどの整備・改善はもちろん進められているが、「望ましい」入学者をどのように選抜し、どのように確保するのかという点は、その出発点として非常に重視されている。もちろん、各国の大学入学者選抜制度はこれまで、当該国の高等教育制度の一部として構想され制度化されてきた。しかし近年、前節でまとめたような背景、また各国の政治的、経済的、社会的変容、あるいは高等教育そのものの拡大に伴って新たに生じた状況などによって、大学教育（学士課程段階の教育）を受ける者を選抜する方法についても見直しと改革が行われている。その大きな方向性は多様化である（**図序-1**）。

各国で多様化に向けた改革が進むにあたっては、大きく2つの考え方がありうるだろう。1つは、高等教育の量的拡大が進む中で、従来の相対的に画一的な方法では高等教育全体の入学者を適切に選抜することが難しくなっているという認識のもと、新たな状況に合致した選抜方法が必要であるという考え方である。大学教育の規模が小さいときには、中等教育段階修了者のう

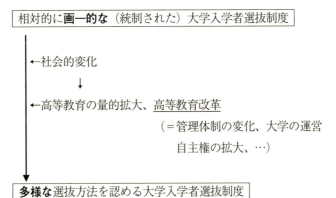

図序-1 大学入学者選抜制度の変容モデル

ち相対的により優秀な者を選んで大学が受け入れることでよかったかもしれない。その場合、その優秀性は比較的少ない指標で測ることができた。なぜなら、大きな母集団の中から当該社会において「望ましい」と考えられる少数者を選び出せばよかったからである。しかし、量的拡大が進む今日、大学教育を受けるのはそのような少数者にとどまらない。システムとして相対的に多数者を受け入れるには、単一の指標では明確な差がつかない者を振り分けるためにより多様な基準が必要となる。また、大学教育が多様化するのに伴い、それぞれの大学や学部の特徴に合致した学生を選ぶ必要も生じる。

　もう1つは、国の競争力の向上に資する人材を選び出すことをめざして、そのような人材を選抜するのにふさわしい方法や基準を持ったやり方を導入すべきだという考え方である。この考え方では、これまでのように、母集団の中から当該社会において相対的に「望ましい」者を選んでいるだけではこれからの国際競争に対応できないおそれがあるため、それよりもむしろ、より広い文脈で優秀だと考えられる者を選び出すための工夫が求められることになる。このことはまた、これまでのやり方で本当に優秀な者を選べていたのかが問い直され、必要な改革が行われることにもつながる。

　このほか、画一的な選抜方法が中等段階以下の教育に対して受験偏重のような弊害をもたらしているので、その解決策として多様な指標による選抜が導入されるという側面もあるだろう。

　実際には、社会の変容や高等教育の量的拡大が進む中で、こうした考え方をはじめとする何らかの状況認識が行われて従来の大学入学者選抜制度に対する批判や不満が生じ、改革が進められることになると考えられる。

　各国においてどのような大学入学者選抜制度が採用されているのか、またそれがどのような改革の方向性を示しているのかを検討することは当該国の教育や社会を理解するうえで非常に重要である。その理由としては第1に、現代では多くの国でそれが教育制度全体の中で鍵になる位置を占めており、そのあり方が高等教育のみならず初等・中等教育に対しても大きな影響を与えている点がある。第2に、大学入学者選抜制度は社会としてどのような人材を求めるのか、高等教育でどのような人材を養成しようとしているのかを

一定程度反映するものである。そして第3に、それはまた社会的公平性や公正さもある程度考慮したものとなっているはずである。多くの国において大学入学者選抜は大きな社会的関心事であり、総じて言えば、社会的に公平性や公正さを欠いているとみなされるような制度を導入することは難しい。つまり、大学入学者の選抜のしかたにはそれぞれの社会における大学像や人材像、公平観や公正観についての考え方が反映されており、それが国によって異なる側面があるとともに、高等教育をとりまく状況の変容に伴ってそのあり方にも変化が生じることが想定されるのである。

3．大学院教育の拡大と入学者選抜

一方、大学院段階においても近年、量的拡大が急速に進められるとともに、大学院教育の整備や見直しが行われてきている。大学院教育の規模や制度、期待される役割は国によって必ずしも同じではないことから、見直しの方向性や具体的な内容は多様だが、全体としての量的拡大は多くの国で観察される。その背景としては、国際化・グローバル化が進み、知識基盤社会への移行が意識される中で、知の生産が国の国際競争力を高める重要な要素であり、そのための高度人材をより多く養成することが求められるようになってきたことや、大学教育（学士課程段階の教育）の規模が大きくなることで、当該国の人びとがより高い段階の教育を求めるようになったことがあるだろう。また、大学院が、高度専門職人材の養成や就業者への学習機会の提供といった従来とは異なる機能を求められるようになったこと、大学教育よりも専門性が高く、優秀な留学生を受け入れる主要な場になっていることなども、拡大の要因として挙げることができよう。

このように大学院教育段階で量的拡大が生じ、役割が多様化したことは、従来大学院に進学すると想定された層ではない者の入学をもたらすことになり、従来に比して入学者の質の点でも多様化が進む可能性が高まる。また、社会人や外国人など従来とは異なる入学希望者も増加することになる。こうした変化をふまえると、大学院段階における教育研究機能の強化を図るには、

教育課程の見直しや制度の整備とならんで「優秀な」入学者を確保することが必要であり、それに向けた対応や取り組みが各国で進められていることが考えられる。日本では、例えば2011年の中央教育審議会答申「グローバル化社会の大学院教育 —— 世界の多様な分野で大学院修了者が活躍するために」において、世界のさまざまな分野でリーダーシップを発揮する高度な人材を輩出するために、組織的な教育・研究指導体制の確立と質の保証された博士課程教育の充実が挙げられるとともに、公正な入学者選抜を実施することを通じて国内外から優れた学生を獲得することが謳われている[4]。

このような状況が示唆しているのは、入学希望者の多様化と、入学基準の画一性の見直しから、大学院入学者の選抜においても多様化に向けた改革が進んでいる可能性があるということである。しかも、従来は社会的に大きな関心を持たれることがさほど多くはなかったが、規模が拡大するにつれてそれはより多くの人にとって直接関係のある事柄になっており、入学者選抜を行うときには社会に対してその適切性を示すことが求められるようになる。すなわち、以前なら大学院生を受け入れる側、つまり大学（大学院）が自らの求めるような学生を自らが適切だと考えるやり方で選びさえすればよかったかもしれないが、社会的な影響が大きくなるとそれらが受験者の側、社会の側からみても妥当である必要が高まるだろう。したがって、大学入学者選抜制度と同様、大学院入学者選抜制度も、社会がどのような人材を求め、大学院段階でどのような人材を養成するのかといった人材像や大学像・大学院像を反映するとともに、当該社会における公平性や公正さが一定程度考慮されたものになると考えられる。

4．本書の目的と枠組み

以上のような認識をふまえて、本書では、東アジア諸国・地域（以下、国と略）の大学入学者選抜制度及び大学院入学者選抜制度を対象とし、各国におけるそれぞれの制度の概要と特徴、改革動向を整理したうえで、2つの制度について各国の共通点と相違点を比較分析するとともに、大学教育段階と

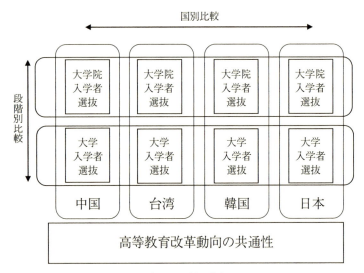

図序-2　分析の枠組み

大学院教育段階での共通点と相違点を横断的に考察する（**図序-2**）。そうした制度分析を通じて、日本を含む東アジア各国における高等教育を受ける者の選抜についての考え方を検討することが本書の目的である。

　わが国ではこれまで、誰が高等教育を受けるべきなのかとか、そのような人をどのように選ぶのが適切なのかについて考えるとき、ほとんどの場合、大学教育（学部）段階を念頭に置いて議論されてきた。しかし、大学入学者選抜制度も大学院入学者選抜制度もどちらも高等教育を受ける者を選抜するために整えられている制度である。上述の内容からすると、それぞれの国において大学入学者選抜と大学院入学者選抜は、どちらも同一の制度的枠組みの中にあるので、高等教育に求める人材像や大学像、公平性や公正さに対する考え方などの点で共通の土台を持っていると想像される。そしてそれが制度に反映されているとすれば、両者の制度には共通の特徴や改革の動向が認められるだろう[5]。しかし、国によっては、大学教育（学士課程段階の教育）と大学院教育に対して異なる期待や役割を求め、その結果として両者が異なる特徴を持った制度になっているかもしれない。2つの制度をあわせて検討することによって、各国におけるそれぞれの制度の特徴と各国高等教育の特

徴をいっそう明確にすることができると考える。

　本書で対象とするのは、具体的には、中華人民共和国（以下、中国と略）、台湾、大韓民国（以下、韓国と略）及び日本の4か国である。これらの国ぐにには、歴史的変遷はもとより現在の国家体制や経済水準も異なっているし、高等教育のあり方にも大きな違いが認められる。しかしどの国でも、近代的な制度が導入され整備される中で、教育制度を通じて社会的上昇を図ろうとする人びとによる激しい進学競争が生じ、その規模が大きくなると受験加熱が社会問題として取り上げられるようになってきた。各国はその解決のために知恵を絞って制度改革を行っているが、その底流に広い意味での公平観や公正観、それから人間観や社会観があるとすれば、これらの東アジア諸国には伝統的な観念として共通の基盤があると思われる。それは今日、まったく同じままで継承されているとは思われないが、それでも他の地域の国と並べて論じるのに比べれば共通性の度合いは高いと仮定することができる。こうした共通の基盤のうえにある各国の制度やその多様な改革動向を検討することで、それぞれの国の状況とともに日本の制度状況の特徴がより明確になり、今後の方向性を考える手がかりが得られるだろう。

　加えて、日本にやってくる留学生のうち、本書で取り上げる中国、韓国、台湾からの留学生が多数を占めていることもこれらの国ぐにに注目する理由の1つである。2014年には、日本で学ぶ外国人留学生の総数は10万7,277人であり、そのうち中国、韓国、台湾からの留学生はあわせて7万9,030人（総数の73.7％）となっている[6]。これまでであれば、こうした国ぐにの若者は魅力ある留学先として近隣の先進国である日本を選んでいたかもしれない。しかし、各国とも高等教育の量的拡大を進め質の向上をめざして改革を行っており、その結果として、各国の若者にとって自国で進学することがこれまで以上に通常の選択肢となってきていると思われる[7]。したがって、日本が留学生の受け入れを考えるうえで、各国でどのように入学者を選抜しているかを理解しておくことはいわば「相手を知る」という点から重要だと思われる。同時に、日本からこれらの国に留学しようとする者にとっても、各国の高等教育や入学者選抜に関する情報は有意義であろう。

本書は、分析枠組み（図序-2）にしたがい、次のような構成となっている。最初に、諸外国の制度や改革状況を理解するために第1章から第3章まではそれぞれ中国、台湾、韓国を取り上げて検討し、それから第4章で日本の制度についてまとめる。これら4つの章では共通に、まず第二次世界大戦後の社会の変容と教育政策の変化を整理し、続いて高等教育制度の概要と1990年代以降の改革動向をまとめる。高等教育の改革として主として着目するのは、大学の運営自主権の拡大（自律性の強化）、個別大学への重点的財政支援の実施、大学評価の展開、そして大学院教育の整備・充実である。それから大学入学者選抜制度及び大学院入学者選抜制度それぞれの大まかな変遷と現在の状況を検討し、最後にそれぞれの国における両制度の特徴を明らかにする。現状として取り上げるのは2010年代に入ってからの状況であり、最近の改革についてもなるべく本文や注で言及するようにした。それをふまえて第5章では、4か国の大学入学者選抜制度と大学院入学者選抜制度を国家横断的に比較し、国ごとに2つの制度の異同や特徴を明らかにするとともに、国を越えて2つの段階を比較することで、教育段階による違いを検討する。

　この研究の第1の意義として、東アジア諸国における大学入学者選抜制度及び大学院入学者選抜制度の状況が明らかになる点が挙げられる。次節で確認するように、大学入学者選抜制度はともかく、大学院入学者選抜制度についてはこれまでほとんど研究の視野に入ってこなかった。新しい情報を取り入れることで、それぞれの制度の現状と改革動向を理解することができるだろう。また第2に、大学入学者選抜制度と大学院入学者選抜制度をあわせて当該国における「選抜のしかた」として検討することで、その国で高等教育を受けるにふさわしいのは誰なのか、そしてそうした人をどのように選び出そうとしているのかを明らかにできるのではなかろうか[8]。それを通じて各国の高等教育、そしてそれぞれの社会について理解を深めることができると考える。そして第3に、大学入学者選抜制度と大学院入学者選抜制度の異同を考えることで、段階の相違にもとづく選抜方法の特徴を明らかにできる。このことは、大学教育（学士課程段階の教育）段階と大学院教育段階の異同を明確にしたり、中等教育段階と大学教育段階の接続、大学教育段階と大学院

教育段階の接続を考えたりする際の手がかりとなるように思われる。このように本書は、東アジア各国における大学入学者選抜、大学院入学者選抜の制度的枠組みを整理するだけでなく、横断的、縦断的な比較考察を通じてそれぞれの特徴を明らかにしようとしている。このことは同時に、日本の大学入学者選抜制度、大学院入学者選抜制度を相対化し、その見直しに向けて新たな知見を得ることにつながると考える。

5. 先行研究の検討

　本書の内容に関連する近年のわが国での先行研究についてまとめておこう。対象とする各国の大学入学者選抜制度、大学院入学者選抜制度についてみると、それぞれ次のようなものが挙げられる。

　まず、中国の大学入学者選抜に関する研究は、わが国では一定の蓄積がある。すなわち、大塚による体系的な研究[9]のほか、中島による日中共同研究[10]、思考力、表現力の評価方法を含めて入試の個性化という観点から整理・分析した石井の研究[11]や、同じく石井による学力保証の観点からの研究[12]、また制度の概要をまとめたうえで1990年代の改革動向と2000年代以降の課題を論じた南部の研究[13]や、推薦入学制度の変遷や選抜方法の多様化を検討した南部の研究[14]、そして大学管理体制の改革をふまえながら入試改革の動向を論じた楠山の研究[15]などがある。これに対して、中国の大学院入学者選抜に関する研究は多くないが、1970年代後半以降の変遷や入学者選抜方法の概要、方法の多様化といった基本的内容を明らかにした南部の研究[16]や、「一定の学力水準」と「幅広い能力」の保証という観点から整理・分析した石井の研究[17]、入学者選抜の過程をまとめるとともに日本での留学生受け入れにおける利用可能性について論じた韓の研究[18]などがある。

　また、台湾については、広く高等教育を対象とした研究そのものが長らく行われておらず、『台湾の高等教育——現状と改革動向』(小川・南部編、2008年)[19]を除けば体系的な研究はほとんどないと言ってよい状況である。その中で、大学入学者選抜に関しては近年、同書に所収されている制度の概要と

改革の方向性をまとめた劉の研究[20]のほか、入試の多様化の観点から論じた石井の研究[21]や南部の研究[22]が出され、ようやく蓄積が進んでいる。それに対して、大学院入学者選抜に関する研究は限られており、制度の概要を整理した徐の研究[23]や、「一定の学力水準」と「幅広い能力」の保証の観点から考察した石井・申の研究[24]、また国立清華大学を事例に整理した森の研究[25]がある程度である。

さらに、韓国の大学入学者選抜に関しては、制度の概要をまとめた金の研究[26]や2000年代前半までの歴史的変遷と制度的特徴をまとめた有田の研究[27]、1998年金大中政権の入試改革に焦点を当てた尾中の研究[28]があるほか、入学査定官制度を取り上げた趙の研究[29]、同制度導入後の経緯と成果について検討した山本の研究[30]、改革動向を追いつつ学力保証の観点から論じた朴・石井の研究[31]などがある。これに対して、大学院入学者選抜に関する研究は、馬越がごく簡単に言及したものや[32]、またやはり馬越が特殊大学院の入学者選抜方法に触れたもの[33]があり、石井による訪問調査記録[34]、訪問調査にもとづく河合の研究[35]、南部の訪問調査記録[36]などあるが、その全体像や選抜の詳細に関する情報は限られている。

そして、日本については、大学入学者選抜に関してはこれまで、社会的に大きな関心事であることもあり、中央教育審議会や大学審議会の答申でも繰り返し大きく扱われるとともに、数多くの研究が行われてきた。他方で、大学院入学者選抜については、法科大学院全国統一適性試験を対象とした研究は散見されるものの[37]、それ以外の各大学・研究科で行われている選抜を横断的に比較検討するような研究は見あたらない。例えば、日本の大学院教育を包括的に扱った著書に『現代の大学院教育』(市川・喜多村編、1995年)[38]や『大学院の改革』(江原・馬越編、2004年)[39]などがあるが、大学院進学者に関しては主として量的側面に焦点が当てられ、どのような選抜が行われているかといった点には目が向けられていない。また、黄・李の研究[40]は入学者の選抜種別に着目して大学院生の動機や生活の状況、進路選択の分析を行っているものの、それぞれの種別で具体的にどのような選抜方法がとられていたのかという点への言及はない。

このように、各国の大学入学者選抜制度に関しては歴史的変遷や制度の概要、改革動向に焦点を当てた研究が蓄積されてきているが、大学院入学者選抜制度については、どの国についても個別的な研究がいくつか見られるにすぎない。その一方で、中国、台湾、韓国を比較的に扱う研究が最近いくつか出されてきている。例えば石井は、大学入学者選抜制度、大学院入学者選抜制度それぞれについてこれら3か国を対象とした報告書を精力的にまとめている[41]。大学入学者選抜制度については入試の多様化、個性化傾向に着目し、また思考力や表現力の評価方法など筆記試験以外の方法も取り上げて検討しているし、大学院入学者選抜制度に関しても量的拡大をふまえてやはり選抜方法の多様化を論じている。また、京都大学国際交流推進機構国際交流センター／国際企画連携部門は、同大学の交流協定校での聞き取り調査を中心に各国の大学院入学者選抜制度の現状を整理している[42]。さらに、南部は、高大接続の観点から中国、台湾、韓国の大学入学者選抜制度の改革を分析しており[43]、大学院入学者選抜に関しても比較的な検討を行っている[44]。本書は、これらの先行研究も参考にしながら、できるだけ新しい状況について整理したうえで、大学入学者選抜制度と大学院入学者選抜制度の両方を視野に入れ、しかも日本を比較検討の対象として明示的に含んで、各国における入学者選抜の異同や特徴を明らかにしようとしている。こうした試みはこれまでになかったと言えるだろう。

6. 用語について

最後に、本書で用いる用語について整理しておきたい。

東アジア諸国において、教育制度を構成する高等教育機関や後期中等教育機関は一様ではない。高等教育に関しては第1章以降で国ごとに詳細に論じるが、各国別にそれらの主要な種類をまとめたのが**表序-1**である。高等教育機関について確認しておくと、まず中国の高等教育機関は、教育の主たる対象に注目すれば普通高等教育機関、成人高等教育機関、軍事高等教育機関などに分類され、それぞれ主として普通高等教育、成人高等教育、軍事高等教

表序-1　各国の主要な高等教育機関及び後期中等教育機関

	高等教育機関	後期中等教育機関
中国	普通高等教育機関、成人高等教育機関、軍事高等教育機関〈大学、学院、専科学校〉	普通高級中学、成人高級中学、普通中等専門学校、成人中等専門学校、職業高級中学、技術労働者学校
台湾	普通高等教育機関、高等職業教育機関〈大学、学院、専科学校〉	高級中学、高級職業学校、総合高級中学、完全中学（後半部分）、5年制専科学校（前半3年間）
韓国	大学（大学、産業大学、教育大学、専門大学、放送通信大学、技術大学）	高等学校（一般系、職業系）
日本	大学、短期大学、高等専門学校（後半2年間）	高等学校、中等教育学校（後期課程）、高等専門学校（前半3年間）

出典：筆者作成。

育を担っている。また機関の名称は、大学、学院、専科学校に分けられる。台湾では、高等教育機関の種類は普通高等教育機関、師範系高等教育機関、高等職業教育機関に分かれている。開放制の教員養成制度が導入されて以降、師範系高等教育機関と普通高等教育機関との違いは小さくなっている[45]。機関の名称としては、中国と同様、大学、学院、専科学校がある。韓国では、高等教育機関の名称としては大学で統一されているものの、機能や役割の違いにより大学、産業大学、教育大学、専門大学、放送通信大学、技術大学といったより細かなカテゴリーが設定されている。そして日本では、大学と短期大学、そして高等専門学校がある。なお、高等教育をより広く定義すれば、各国の高等教育にはこれ以外にも多様な機関が含まれることになる。一方、後期中等教育についても、国によって多様な機関種が存在している。一般には、正規の機関として認められていれば高等教育への進学は可能である。

　本書で焦点を当てるのは、多様な高等教育機関が提供している教育のうち、全日制の学士課程段階（あるいはそれに相当する教育段階）の教育を受ける者の入学に関わる入学者選抜制度と、修士課程段階の教育を受ける者の入学に関わる入学者選抜制度である[46]。国によっては、このように限定してもなお複数の入学者選抜制度が存在することがある。そのような場合、最も中核となる制度に主として注目することとする。

　そこで、とくに断らないかぎり、本書で高等教育や後期中等教育というと

きには、表序-1に挙げた機関で提供されている教育を念頭に置くこととする。また、必要に応じて、この表にある高等教育機関の総称として「大学」、後期中等教育機関の総称として「高校」を用いる。

　もう1点注意を促しておきたいのは、「大学教育」、「大学入学者選抜」といった「大学」の用法についてである。日本では、「大学には、大学院を置くことができる。」(「学校教育法」第97条)とされていることから、大学院教育は大学教育の一部を構成するし、大学院に入学することも広義には大学入学のルートの1つになるはずである。しかし現実には、大学教育と大学院教育は別に論じられることが多いし、大学入学者選抜(大学入試)という語はほとんどの場合、学士課程段階への入学に限定して用いられている。本書では実際の用法にしたがうこととし、大学教育や大学入学者選抜というときに用いる「大学」という語は、学士課程段階を指すものとして用いることにする。

注

1　南部広孝「教育改革の国際比較」江原武一・南部広孝編『現代教育改革論──世界の動向と日本のゆくえ』(財)放送大学教育振興会、2011年、9-12頁。
2　中央教育審議会答申「我が国の高等教育の将来像」(2005年1月28日)。
3　同上。
4　中央教育審議会答申「グローバル化社会の大学院教育──世界の多様な分野で大学院修了者が活躍するために」(2011年1月31日)。
5　このように前提することについては、南部広孝「比較教育研究の回顧と展望──研究対象としての『制度』に焦点をあてて」『比較教育学研究』第50号、日本比較教育学会、2015年、137-148頁を参照のこと。
6　文部科学省『文部科学統計要覧　平成27年版(2015)』日経印刷、2015年、112頁。
7　ただし、これと同時により早い段階から海外での学習を選択する現象も見られるようになっている。例えば、韓国では1990年代後半以降高校生、中学生、小学生の海外留学、いわゆる早期留学が盛んになっている(岩渕秀樹『韓国のグローバル人材育成力──超競争社会の真実』(講談社現代新書)講談社、2013年、61-62頁)。また、中国でも近年、高等教育よりも前の段階から海外に出ていく現象が生じている。それには大きく2つのタイプがある。1つは、大学入学よりも前の段階から積極的に海外に出ていくケースである(「受験留学　進め難関校」『朝日新聞』2009年3月9日、「呼び込む　大学の人材不足を留学生で補う」『朝日新聞』2009年3月11日など)。もう1つは、国内の激しい受験競争を嫌って大学進学

の時点から海外をめざす者で、全国統一大学入学試験の受験者数が減少した理由としてそうした者の存在が挙げられている（付玉旺「2012年河北省高考報名情況統計与分析」『考試与招生』2012年第1期、4–5頁）。

8 　高等教育を受けるということからすると、この2つの制度のほかにも、編入学制度があるし、科目等履修生や聴講生、研究生、研修員などもいる。また近年では、「当該大学の学生以外の者を対象とした特別の課程を編成」できるようになっており（「学校教育法」第105条）、その履修者も含まれる。ただし、これらの者は全体として多数ではないことから、本書では彼らの「選び方」は分析対象から除外した。

9 　大塚豊『中国大学入試研究 —— 変貌する国家の人材選抜』東信堂、2007年。

10 　中島直忠編『日本・中国高等教育と入試 —— 二一世紀への課題と展望』玉川大学出版部、2000年。

11 　石井光夫「中国」石井光夫『東アジアにおける「入試の個性化」を目指した大学入試改革の比較研究』（平成18年度文部科学省先導的大学改革推進委託事業「受験生の思考力，表現力等の判定やアドミッションポリシーを踏まえた入試の個性化に関する調査研究」報告書第2分冊　研究代表者:石井光夫）東北大学、2007年、27–65頁。

12 　石井光夫「中国の大学入試改革と学力保証」『東北大学高等教育開発推進センター紀要』第9号、東北大学高等教育開発推進センター、2014年、1–15頁。

13 　南部広孝「新入生募集制度改革」黄福涛編『1990年代以降の中国高等教育の改革と課題』(高等教育研究叢書81) 広島大学高等教育研究開発センター、2005年、89–97頁。

14 　南部広孝「中国の大学入学者選抜における推薦入学制度の変遷」『大学論集』第37集、広島大学高等教育研究開発センター、2006年、169–180頁、南部広孝『中国高等教育における入学者選抜方法の多様化に関する研究』（平成16年度～平成18年度科学研究費補助金（若手研究（B）、課題番号16730411）研究成果報告書　研究代表者:南部広孝）長崎大学アドミッションセンター、2007年。

15 　楠山研「中国における大学入試改革の動向 —— 地方・大学への権限委譲に関する一考察」『京都大学大学院教育学研究科紀要』第51号、京都大学大学院教育学研究科、2005年、128–140頁。

16 　南部広孝「大学院課程への入学」南部広孝編『文革後中国における大学院教育』(高等教育研究叢書69) 広島大学高等教育研究開発センター、2002年、41–49頁。

17 　石井光夫「『一定の学力水準』と『幅広い能力』を保証する大学院入試 —— 中国の事例から ——」『東北大学高等教育開発推進センター紀要』第5号、東北大学高等教育開発推進センター、2010年、1–13頁。

18 　韓立友「中国の大学院入試制度の調査」京都大学国際交流推進機構国際交流センター／国際企画連携部門『平成24年度グローバル30事業　留学生渡日前入試選抜の導入検討に関する調査・研究』京都大学国際交流推進機構国際交流センター

/国際企画連携部門、2013年、11–16頁。
19　小川佳万・南部広孝編『台湾の高等教育――現状と改革動向』(高等教育研究叢書95) 広島大学高等教育研究開発センター、2008年。
20　劉語霏「大学入学者選抜制度」小川・南部編、同上書、23–34頁。
21　石井光夫「台湾」石井光夫『東アジア諸国における大学入試多様化に関する研究』(平成17～19年度科学研究費補助金（基盤研究（C）、課題番号17530548）研究成果報告書　研究代表者:石井光夫）東北大学高等教育開発推進センター、2008年、143–183頁。
22　南部広孝「台湾」石井、前掲書、2007年、145–194頁。
23　徐靜欣（南部広孝訳)「修士課程」小川・南部編、前掲書、2008年、47–56頁。
24　石井光夫・申育誠「台湾の大学院入試――『一定の学力水準』と『幅広い能力』の保証の観点から」『東北大学高等教育開発推進センター紀要』第6号、東北大学高等教育開発推進センター、2011年、11–23頁。
25　森眞理子「台湾の大学院入試制度と大学院教育報告（国立清華大学）」京都大学国際交流推進機構国際交流センター/国際企画連携部門、前掲書、2013年、17–24頁。
26　金泰勲「韓国」石井、前掲書、2007年、103–115頁。
27　有田伸『韓国の教育と社会階層――「学歴社会」への実証的アプローチ』東京大学出版会、2006年、79–114頁。
28　尾中文哉「韓国における接続改革――金大中入試改革の理念と実際」荒井克弘・橋本昭彦編『高校と大学の接続』玉川大学出版部、2005年、323–332頁。
29　趙卿我「韓国における『入学査定官制（Admissions Officer System）』の実態と課題」『教育方法の探究』第13号、京都大学大学院教育学研究科教育方法学講座、2010年、17–24頁。
30　山本以和子「韓国大学入学者選抜の変容――入学査定官導入後の展開状況」『大学入試研究ジャーナル』No.24、全国大学入学者選抜研究連絡協議会、2014年、105–111頁。
31　朴賢淑・石井光夫「韓国の大学入試改革と学力保証」『東北大学高等教育開発推進センター紀要』第8号、東北大学高等教育開発推進センター、2013年、13–26頁。
32　馬越徹「韓国における学術・大学院政策の動向――日韓比較の視点から」広島大学高等教育研究開発センター編『大学院教育の将来――世界の動向と日本の課題』(戦略的研究プロジェクトシリーズⅡ) 広島大学高等教育研究開発センター、2010年、215–226頁。
33　馬越徹『韓国大学改革のダイナミズム――ワールドクラス（WCU）への挑戦』東信堂、2010年、とくに第10章（181–212頁）。
34　石井光夫「実地調査記録」石井光夫『拡大・多様化する大学院の入試の在り方に関する研究』(平成21～23年度日本学術振興会科学研究補助金（基盤研究（C）、課題番号21530820）研究成果報告書　研究代表者:石井光夫）東北大学高等教育

開発推進センター、2012年、97-101頁。
35 河合淳子「韓国の大学院入試制度と大学院教育について」京都大学国際交流推進機構国際交流センター／国際企画連携部門、前掲書、2013年、25-31頁。
36 南部広孝「韓国出張報告」南部広孝『東アジア諸国・地域における大学院入学者選抜制度の比較研究』(平成22年度〜平成24年度科学研究費補助金（基盤研究（C）、課題番号22530915）研究成果報告書　研究代表者：南部広孝）京都大学大学院教育学研究科、2013年、99-106頁。
37 例えば、椎名久美子・荒井清佳・杉澤武俊・小牧研一郎「法科大学院適性試験の受験者集団と法科大学院の入学者集団の推移」『大学入試研究ジャーナル』No.22、全国大学入学者選抜研究連絡協議会、2012年、57-64頁。
38 市川昭午・喜多村和之編『現代の大学院教育』玉川大学出版部、1995年。
39 江原武一・馬越徹編著『大学院の改革』(講座「21世紀の大学・高等教育を考える」第4巻) 東信堂、2004年。
40 黄福涛・李敏「入試選抜別に見る大学院教育 —— 2011年全国調査のデータ分析を中心に」広島大学高等教育研究開発センター編『大学院教育の改革』(戦略的研究プロジェクトシリーズⅥ) 広島大学高等教育研究開発センター、2013年、85-94頁。
41 石井、前掲書、2007年、石井、前掲書、2008年、石井、前掲書、2012年。
42 京都大学国際交流推進機構国際交流センター／国際企画連携部門、前掲書、2013年。韓立友・河合淳子・森眞理子「東アジアにおける大学院入試の実態と国際的連携教育の可能性」『京都大学国際交流センター論攷』第4号、京都大学国際交流センター、2014年、17-36頁。
43 南部広孝「東アジア諸国における高大接続 —— 大学入学者選抜方法の改革に焦点をあてて」『高等教育研究 (高大接続の現在)』第14集、日本高等教育学会、2011年、151-167頁、南部広孝『東アジア諸国・地域における大学入学者選抜制度の比較研究』(平成19年度〜平成21年度科学研究費補助金（基盤研究（C）、課題番号19530757）研究成果報告書　研究代表者：南部広孝）京都大学大学院教育学研究科、2010年。
44 南部、前掲書、2013年。
45 南部広孝・廖于晴「台湾における高等教育の構造分析」『大学論集』第43集、広島大学高等教育研究開発センター、2012年、156頁。
46 大学院課程はさらに修士課程、博士課程に分けられる。ただし両者の間には一定の連続性が想定されることから、本書では大学院課程の入り口である修士課程の入学者選抜を取り上げることにした。

第1章　中国における大学及び大学院の入学者選抜

1．歴史的・社会的背景と教育政策の変遷

　中華人民共和国（以下、中国と略）は、1949年10月に成立して以降、中国共産党の主導により社会主義体制の確立を図るとともに、その体制のもとでの社会発展をめざしてきた。政治面では、時期による違いは見られるものの、文化・芸術界の思想改造運動や反右派闘争、社会主義教育運動、そして文化大革命（以下、文革と略）へと、大きくは党による指導の強化と「毛沢東思想」の浸透が進められた。同時に、土地改革や民間企業の接収・国有化といった経済改革を経て、1953年からは5カ年計画が定められるようになり、1958年からはより急速な経済発展をめざして大躍進運動が行われた。ただしこの運動は挫折し、1960年代前半には経済調整政策がとられた。1966年から10年にわたる文革の期間中は政治闘争により社会は混乱した。

　文革終結後、改革開放政策がとられ、経済体制の転換が進められた。従来は計画経済体制がとられてきたが、1970年代末から市場経済の導入が模索され、実験的な取り組みが始められた。1978年の中国共産党第11期3中全会は体制移行の大きな転換点であり、この会議において、党の活動方針を従来の階級闘争から経済建設へと転換させることが決定され、改革開放政策の展開が確立されたのである。それ以降、経済面では、農業生産請負制の施行による生産量の拡大や、企業自主権拡大による経営の活性化・効率化が進んだ。その一環として、企業で「工場長責任制」や企業内の職員・労働者代表大会制度が導入され、党組織と行政指導が分離される動きも起きた[1]。1992年には中国共産党第14回大会において、「社会主義市場経済」を確立することが

目標として掲げられ、市場経済体制へ移行するための改革がその後急速に進められた。また政治面では、党が指導的役割を果たす点には変わりがないものの、従来の党と政府が一体化した体制を改め、全国人民代表大会の強化、「党政分離」といった方針がとられるようになった。同時に1994年以降公務員制度の導入が本格化し、「以前と比較すれば採用側の恣意性の低い方式」[2]である選考試験を通じた採用が進められるようになった。さらに外交面では、「独立自主外交」路線をとりつつ、それまで対立関係にあった国ぐにとの関係改善が図られた。1989年のいわゆる天安門事件は中国の国際イメージを損ね、そうした方針を一時頓挫させたが、その後は再び「全方位外交」が展開されている[3]。とくに2002年に世界貿易機関（WTO）に加盟して以降は、グローバル経済との緊密な結びつきや外国との活発な交流が進められている。近年の経済発展をふまえて、外交はいっそう積極的になっている。

　こうした流れの中で、教育は、政治的な安定と経済的・社会的発展の基礎として一貫して重視されてきた。1950年代から1960年代にかけては、社会主義の建設者・後継者の育成に力が入れられ、中国共産党の指導のもと、教育の普及が図られるとともに、政治的に正しい人材を養成することがめざされた。一方、文革終結後は、法規の整備をはじめとして多方面にわたる施策がとられた。1970年代末には、教育は、工業、農業、国防、科学技術の「4つの現代化」を実現するための基礎と位置づけられ、量的拡大が進められると同時に質の向上を図るさまざまな改革が実施された。1986年には「中華人民共和国義務教育法」が施行され、9年制の義務教育が導入された。1990年代に入ると、教育を優先的に発展させ、全民族の思想道徳と科学文化水準を高めることが「現代化」の根本であると考えられるようになり、1990年代半ばには、「科教興国」戦略が打ち出された。これは、科学技術が第1の生産力であるという思想を全面的に実現し、科学技術と教育を経済的、社会的発展の重要な位置に据え、全民族の科学技術的素養を高め、国の発展をいち早く実現させようという考え方である[4]。

　この「科教興国」戦略が具体化されたのが、1998年に制定された「21世紀をめざす教育振興行動計画」である。この計画では、量的側面、質的側面

それぞれについて、2010年までに達成すべき目標が挙げられた。量的側面では、初等・中等教育段階については9年制義務教育の全国への普及をふまえて、都市部や経済的に発展した地域で後期中等教育段階の教育を普及させることがめざされ、高等教育段階では「粗就学率」を15％にまで高めることが目標とされた。一方、質的側面では、世界一流の大学を作るとともに、生涯教育体系を作り上げ、国の知識創造システム及び「現代化」建設のために十分な人的サポートと知的貢献を行うことが目標となっていた。そして、これらの目標を実現するために、多くのプロジェクトや具体的な施策が始められた。その中には、「素質教育」の実施をはじめ、高等教育の質的向上、教員の養成、技術開発や産学協同の展開、開放的な教育ネットワークの構築、成人教育の発展等多様な内容が含まれている[5]。このうち「素質教育」は、受験教育に対する批判から生まれた考え方で、国民の資質を向上させ、学生の創造的精神と実践的能力の育成に重点をおいて、徳・知・体・美等の面で全面的に発達した人間を育てようとする教育であり、現在に至るまで中国教育のあり方を決定する最も基本的な軸の1つとなっている。1990年代にはまた、「中華人民共和国教師法」(1993年)、「中華人民共和国教育法」(1995年)、「中華人民共和国職業教育法」(1996年)、「中華人民共和国高等教育法」(1998年、以下「高等教育法」と略)など、教育関係法規が次々と制定された。

　2000年代に入ると、「素質教育」の考え方をふまえて初等・中等教育の教育課程の見直しが行われた。また、9年制義務教育の普及がかなり進んだことを受けて、2006年に「中華人民共和国義務教育法」が改正された。高等教育に関しては、後述するように1990年代末から規模が急激に拡大するとともに、質の維持・向上を図る取り組みが進められてきた。そして、2010年には「国家中長期教育改革・発展計画要綱（2010〜2020年）」が策定された。これは2010年から2020年にかけての10年間を対象として、全体的な戦略、各学校教育段階の発展目標、教育関係制度の改革、質保証措置の各側面について見取り図を描いた政府文書である。その中では、2020年までに教育の現代化を基本的に実現し、学習型社会を形成するとともに、人的資源強国となることが目標とされている。そして、学校教育段階ごとの量的拡大の目標

値が設定され、質的向上に関する制度改革として、人材養成体制、試験・新入生募集制度、現代学校制度、学校運営体制、教育管理体制などが取り上げられ、それぞれの方向性が示されている[6]。

このように、社会が大きく変容する中で、教育は国の発展の基礎として一貫して重視されてきている。初等・中等教育では義務教育、そして後期中等教育の全国的な普及が進められるとともに、「素質教育」の考え方にしたがって新たな社会的状況に適した教育内容や教育方法の導入が図られてきた。また、高等教育は国の国際競争力を高める手段の1つとして重視され、その量的拡大と質の向上をめざす措置が次々と実施されている。

2．高等教育制度の概要

周知のように、中国の高等教育は複雑な体系として形成されている[7]。高等教育機関は、名称としては大学、学院、専科学校などがあり、主として実施する教育にもとづけば普通高等教育機関、成人高等教育機関、軍事高等教育機関に分けられる。また、教育の目的や方法によれば大きく、普通高等教育、成人高等教育、軍事高等教育の3つの類型に分けることができる。このうち、普通高等教育は全日制で、通常は対面式で教育が行われる。大部分は普通高等教育機関で行われているが、成人高等教育機関の一部でも行われている。成人高等教育はテレビ・ラジオの利用や通信制により教育を行ったり、夜間や週末といった余暇の時間を利用して教育を行ったりするものである。中国では成人教育体系が整備されており、在職者を主たる対象として多様な教育機会を提供する機関が各学校教育段階に設けられていて、このことは中国教育体系の大きな特色となっている。ただし、現在は成人高等教育を受ける学生のうちおよそ14人に13人は普通高等教育機関に開設された成人高等教育部門で学んでおり[8]、成人高等教育機関に在籍している者は相対的に少数である。そして軍事高等教育は、軍関係の人材を養成することを目的とした教育であり、軍事高等教育機関で行われている。

また、教育課程の段階に注目すれば、大きく大学院課程、本科課程（日本

の学士課程に相当)、専科課程に分けることができ、大学院課程は、1980年の「中華人民共和国学位条例」の施行以降、博士課程(3年)と碩士課程(3年。日本の修士課程に相当)から構成されている。博士課程と碩士課程それぞれの課程を終えて条件を満たせばそれぞれ博士学位、碩士学位が授与される。大学院教育は、普通高等教育機関と軍事高等教育機関で行われているほか、中国科学院傘下の研究所や中国環境科学研究院、財政部財政科学研究所など研究機関でも実施されている。本科課程はわが国の学部教育に相当する4～5年制の課程であり、この課程を終えれば卒業証書が交付され、そのうえで条件を満たせば学士学位が授与される[9]。専科課程は2～3年制の短期高等教育である。

さらに、設置形態に注目すると、1990年代以降、中央省庁所管機関の地方への移管と民営高等教育機関の新設が進んでいる。前者の地方移管に関して見れば、1996年には普通高等教育機関1,032校のうち33.5％に相当する346校が教育部を含む中央行政部門の所管だったが、2000年には116校にまで減少し、普通高等教育機関総数(1,041校)に占める比率も11.1％となった[10]。後者については、2003年には普通高等教育機関に分類される民営高等教育機関は173校(普通高等教育機関総数の11.1％)で、そこに81.17万人(普通高等教育を受ける学生総数の7.3％)の学生が在籍していたが[11]、その後量的に大きく拡大した。2013年の時点で、普通高等教育機関(2,491校)のうち民営機関が717校(全体の28.8％)あり、そこに546.91万人(同22.2％)が在籍するまでになっている[12]。つまり、2000年代に入ってからは、公立機関と民営機関が主要な類型になり、とくに後者が急速に拡大

斉斉哈爾工程学院(旧東亜大学、民営高等教育機関)
(斉斉哈爾市、2015年8月、筆者撮影)

斉斉哈爾大学（斉斉哈爾市、2015年8月、筆者撮影）

してきていると言える。もっとも、システムの中核を占めているのは依然として中央行政部門、とくに教育部が所管する大学である。

中国では、文革終結後、とりわけ1990年代末以降急速な量的拡大が図られてきた。中国で高等教育システム全体の規模を示す「粗就学率」(原語は「毛入学率」) を見ると、この数値が公的に発表されている最も早い年は1990年で、この年の「粗就学率」は3.4%であったが、それから一貫して上昇してきており、2013年には34.5%に達している（表1-1）。

表1-2は、このシステムにおいて中心に位置づけられる普通高等教育機関数及び普通高等教育（本科課程、専科課程）学生数、そして大学院生数が1980年から2013年にかけてどのように変化したかを示している。急速な量的拡大が図られた2000年から2013年にかけての時期に注目すると、普通高等教育を主として担う普通高等教育機関の数はこの間に2.4倍となったのに対して、普通高等教育を受ける学生の数は同じ期間で4.4倍にまで拡大した。こ

表1-1　中国高等教育の「粗就学率」 (%)

年	1990	1991	1992	1993	1994	1995	1996	1997
「粗就学率」	3.4	3.5	3.9	5.0	6.0	7.2	8.3	9.1
年	1998	1999	2000	2001	2002	2003	2004	2005
「粗就学率」	9.8	10.5	12.5	13.3	15.0	17.0	19.0	21.0
年	2006	2007	2008	2009	2010	2011	2012	2013
「粗就学率」	22.0	23.0	23.3	24.2	26.5	26.9	30.0	34.5

出典：1990年は教育部発展規劃司編『中国教育統計年鑑　1999』人民教育出版社、2000年、15頁、1991年以降は教育部発展規劃司編『中国教育統計年鑑　2013』人民教育出版社、2014年、15頁より筆者作成。

表1-2 中国における高等教育の拡大状況

年	普通高等教育機関数（校）	普通高等教育学生数（人）	大学院生数（碩士、博士計）（人）
1980	675	1,143,712	21,604 （ -- ）
1985	1,016	1,703,115	87,331 （ 83,692）
1990	1,075	2,062,695	93,018 （ 80,685）
1995	1,045	2,906,429	145,443 （ 116,396）
2000	1,041	5,560,900	301,239 （ 233,144）
2005	1,792	15,617,767	978,610 （ 787,293）
2010	2,358	22,317,929	1,538,416 （1,279,466）
2011	2,409	23,085,078	1,645,845 （1,374,584）
2012	2,442	23,913,155	1,719,818 （1,436,008）
2013	2,491	24,680,726	1,793,953 （1,495,670）

出典：『中国教育（事業）統計年鑑』人民教育出版社、各年版より筆者作成。大学院生数の（ ）内は碩士課程学生数。

れもかなり大きな拡大だと言えるが、大学院生数はそれを上回る勢いで増加しており、この間6.0倍に達している。とくに2000年から2010年にかけては驚異的な速度での増加になっており、この間碩士課程の増加人数だけでも100万人を超えている。なお現在でも、大学院生の受け入れが認められている民営高等教育機関は数校にとどまっており、大学院教育は国公立の機関が主として担っている。

3．高等教育改革の動向

中国では、改革開放政策の展開、とくに1990年代以降の、社会主義市場経済体制への移行に伴い、大規模な高等教育改革が進められてきた。近年の主要な改革動向をまとめると次のようになる。

第1に、高等教育機関レベルでの運営自主権の拡大が図られている。従来は、主要な事項は政府の主管部門が決定し、高等教育機関はそれを遂行するという状況であったが、1980年代から徐々に運営自主権の拡大が行われ、各機関が自ら決定できる事項が増やされてきた。そして、1998年に制定された「高等教育法」[13]によって、高等教育機関が法人格を有することが規定

されるとともに、新入生募集案の策定、系・科の募集比率の調節、学問分野・専業の設置・調整、教学計画の策定、教材の選択・編集をはじめさまざまな点について各機関が「主体的に」取り組んでよいことが明記された。現在これらすべての事項が機関ごとにまったく自由に決められているという状況には至ってはいないが、このような運営自主権の拡大を通じて、各高等教育機関は自らの置かれた環境の中で発展の方向性やそのための戦略を自ら決めることが可能になりつつある。

　もっとも、政府の役割は以前よりも限定的になっているとはいえ、基本的な枠組みは依然として政府によって決められている。「高等教育法」には、「国は、経済建設と社会発展の必要に基づいて、高等教育の発展計画を策定し、高等教育機関を設置し、あわせて多様な形式をとり高等教育事業を積極的に発展させる」(第6条)ことや、「国は、社会主義現代化建設と社会主義市場経済を発展させる必要に照らして、異なる類型、異なる段階の高等教育機関の実際に基づいて、高等教育の体制改革と教学改革を推し進め、高等教育の構造を高度化し、資源配分を効率化し、高等教育の質と効果・利益を高める」(第7条)ことが規定されている。このほか、学長の任命は機関を主管する中央政府または省政府の関連部門によるなど、重要な権限がまだ政府の手の内にあり、各機関の運営自主権はあくまでも、政府の定めた方向性と範囲の中においてのみ発揮できるにすぎない。

　第2に、有力な高等教育機関に対する重点的財政支援が行われている。少数の機関を選んで重点投資を行うしくみは1950年代から導入されていたが、それをふまえつつ1990年代には2つのプログラムが新たに始まった。1つは、「科教興国」戦略の重要な一環として、21世紀に向けて100校程度の高等教育機関と一定数の専門分野を重点的に整備し、世界のトップレベルに近づき追いつくようにすることを目的として1993年に始まった「211プロジェクト」(原語は「211工程」)である。2008年にはそれまでの活動を回顧して、重点的な分野の形成が進み、研究条件がはっきりと改善して教育研究拠点が構築され、教員集団全体の水準が高まったとされ、全体的に見て世界一流大学との距離が縮まったと謳われた。そのうえで、2007年から始まった第3期の

プロジェクトでは、経済建設、科学技術の進歩、社会発展と国の安全に関わる分野の重点的な形成、創造的人材の養成と人材集団の形成、高等教育公共サービスシステムの構築が主要任務とされている[14]。2014年時点で対象となっているのは119校

清華大学（北京市、2013年9月、筆者撮影）

である。もう1つは、1999年から進められている「985プロジェクト」（原語は「985工程」）である。一部の高等教育機関に重点的な財政配分を行うことによって世界のトップレベルにある一流大学と一流の専門分野を作り出すことが目標とされ、まず北京大学と清華大学の2校が選ばれた。その後対象大学は徐々に増え、現在39校が関わっている。2004年から始まった第2期は2010年に総括が行われ、専門分野の発展、高水準の論文数の増加、教員集団の強化、科学研究成果の創出、優秀人材の養成などで大きな成果があったことが強調された[15]。そのうえで2010年からは、新たなサイクルの「985プロジェクト」としてさらなるレベルアップがめざされている。

第3に、資金調達ルートの多様化が進められている。システム全体として見れば、前節で述べた民営機関の新設はそうした多様化の一環だとみなすことができる。一方、機関レベルにおいても、政府支出が占める比率は低下し、学費等の収入を含む事業収入が大きくなってきている[16]。このことは上述した運営自主権の拡大とあわせ、各機関のとりうる選択の幅を広げることにつながっている。

第4に、大学評価が展開されるようになった。1980年代の試行的な取り組みを経て、1990年に国レベルでの規定として「普通高等教育機関の教育評価に関する暫定規定」が定められた。この規定には合格認定評価、運営水準評価、各種の優秀校選定のための評価などが含まれていた。また、1994年

からは大学院教育に対する評価も行われるようになった。2004年には本科課程及び専科課程の教学評価を実施する教育部高等教育教学評価センター（原語は「教育部高等教育教学評估中心」）が設置され、2008年にかけて一部の例外を除きすべての該当機関を対象として本科課程の教学評価が行われた[17]。その後、2011年から第2期の「本科課程教学評価」が進められている。第1期が画一的な評価だったのに対して、この第2期の評価では機関評価、専門認証評価、国際評価の3種類が行われている。機関評価は、新設されて間もない機関を対象とした合格評価と、過去に評価を受けた機関が5年を経過して改めて受ける審査評価（原語は「審核評価」）からなる。また国際評価は、特定専門分野に関して海外から専門家を招聘し、その分野における当該大学の水準について評価を受けるというものである[18]。

　こうした大きな流れの中で、大学院教育に関しても、すでに確認した量的拡大とともに、制度の整備が進められ、質の向上が図られてきている[19]。大学院教育は文革終結後の1977年にいち早く再開された。ただしこの時点では、学位とは結びつかない3年制の課程であった。1980年に「中華人民共和国学位条例」が制定されたことにより、大学院教育は学位制度と結びついた碩士課程、博士課程の2段階構成へと変化し、あわせて、それぞれの学位を授与できる高等教育機関や専攻、各課程の大学院生を指導する資格を有する教員が指定された。その後、それぞれの学位を取得する条件が明示されるようになったり、大学院教育の規模が相対的に大きな機関で大学院生の学籍等を管理する「研究生院」の設置が試行的に行われたりして[20]、1980年代を通じて制度の整備が進められた。1990年代以降は、すでに述べたように大学院教育を対象とする評価が組織的に展開されたり、優秀な博士論文を選定したりすることを通して質の向上を図るとともに、「211プロジェクト」や「985プロジェクト」の展開において大学院教育の条件整備が行われている。同時に、専門職学位の導入が進められてそれに対応した課程の設置も行われ[21]、大学院教育は多様化している。

　このように、中国では、大学院教育を含む高等教育全体の量的拡大と質の向上をめざす施策が進められている。大学の運営自主権の拡大が図られ、特

定の機関に重点的な財政支援が行われるとともに、大学評価のしくみが整えられてきている。それでは、高等教育の「入り口」では、どのような選抜方法がとられているのだろうか。以下の2つの節ではそれぞれ大学入学者選抜と大学院入学者選抜を検討する。上述したように、中国の高等教育には多様な類型が存在しているが、次節の大学入学者選抜では普通高等教育を受ける学生の選抜、次々節の大学院入学者選抜では碩士課程段階の入学者選抜に焦点を当てる。

4．大学入学者選抜制度

　中華人民共和国が成立した1949年以降、新入生の募集は個別大学による選抜から徐々に統一の方向に向かい、1952年からは全国統一の入学試験が実施されるようになった[22]。その後、1958年及び1959年の2年間を中心に全国統一ではなく大学単独もしくは複数の大学が連合して入学者選抜を行う方法が取り入れられたこともあるが、基本的には1965年まで全国統一大学入学試験制度が維持された。

　文革期には大学入学者の選抜にあたって学力試験が廃止され、それにかわって全面的な推薦入学制度が導入された[23]。1966年から1969年までは学生募集自体が行われず、1970年になると北京大学と清華大学で新入生の募集が試験的に再開され、1972年から各地で実施された。このときの募集方法は、政治思想が優れていて3年以上の実践経験がある20歳前後の者を対象として、大衆の推薦、指導者による認可、大学の再審査を結びつけるやり方がとられることになっていた[24]。文革開始時にはまだ高級中学（日本の高等学校に相当）からの推薦が意図されていたが、文革期に実際に行われた入学者選抜では、入学者に実践・労働経験が求められたため、学校ではなく、職場における大衆の推薦が前提となった[25]。

　文革終結後、文革期に実施された全面的な推薦入学制度に対する批判が出され、学力試験を再開することが繰り返し求められた。鄧小平は「厳格な試験を通じて、最も優秀な者を重点中学と重点大学に集めなければならない」

と語り[26]、1977年当時教育部副部長であった李琦も、学生の政治理論水準を理解し文化的・科学的な基礎知識と問題を分析し解決する能力を把握するために学力検査を実施し、その成績と実践経験及び高級中学での学習成績を組み合わせて合格判定条件の1つとすべきであると述べた[27]。これを受けて、1977年には省・直轄市・自治区（以下、省と略）を単位とした統一入学試験が実施され、1978年からは全国統一の入学試験が再開された。この試験は、1980年代半ばまでには制度的に整備され、1987年にその基本的な原則や実施方法が「普通高等教育機関の新入生募集に関する暫定条例」[28]としてまとめられた。そして、それ以降改革が進められてはいるものの、この試験は現在まで一貫して最も主要な選抜方法となっている。

　それでは、現行の制度について確認しよう。教育部によって制定された「2014年普通高等教育機関新入生募集規定」[29]にもとづけば、2014年の全国統一大学入学試験による新入生募集は次のように行われた。まず出願資格は、(1) 中華人民共和国の憲法と法律を遵守し、(2) 高級中学段階の学校を卒業するかそれと同等の学力を有し、(3) 健康な者となっている[30]。

　新入生募集にあたって、各大学は新入生募集章程を公布することになっている。そこには、機関の名称、所在地、学歴のレベル（本科課程、専科課程、高等職業課程）、機関の運営類型（普通高等教育機関か成人高等教育機関か、公立か民営か等）、関連する省における専攻別新入生募集人数、対象省に配分されない定員（予備留保計画）数とその使用原則、外国語に関する要求、身体的条件、受入規則、学費基準、交付される学歴証書に書かれる機関の名称及び証書の種類、連絡先電話番号、ホームページのURLなどが含まれる。一部の大学ではこの新入生募集人数の中に「定向生」と呼ばれるカテゴリーが含まれている。これは、卒業後の就職先をあらかじめ定め、その条件を受け入れることを前提として学生を入学させるものであり、国の重点建設プロジェクトに関連して、就職先の組織・企業と大学が協定書を交わしたうえで新入生募集を行うことになっている。また、すべての新入生募集人数を各省に配分してしまう必要はなく、募集総数の1%を超えない範囲で予備留保計画を残しておくことも認められている。こうした各大学の省別募集定員は教育部

によってとりまとめられ、記録にとどめられた後各省に置かれた新入生募集委員会に送られて公表される。

　以上からもわかるように、新入生募集人数は各大学の募集単位（専攻）ごとに1つないし複数の省に配分されることになっており、これは中国の大学入学者選抜制度における大きな特徴となっている。受験者の側からみればこれは、所在省に定員が配分された大学、専攻しか志望できないこととともに、その定員をめぐっての競争はあくまでも当該省の中で完結することを意味している。このような措置がとられていることで、後述するように、省ごとに異なる試験を行うことが可能になっている。

　出願の受付は、各省の新入生募集委員会によって行われる。基本的には受験者の戸籍が所在する省での出願となるが、それとは異なる省で後期中等教育段階の教育を一定年限以上受けた場合はそれが考慮されることもある。すでに述べたように、選抜は省を単位として行われているが、現実には省によって教育の水準や配分される定員の大きさに違いがあるので、競争の厳しい省からそれほど厳しくはない省に移って受験すれば有利になるのではないかと考える者がいても不思議ではない。そして実際そのような「戦略」をとる者もおり、そうした「高考移民」が社会問題化している[31]。

　試験は6月7日から行われる。全国統一大学入学試験とはいうものの、現在はこの開始日が統一的に決められているのみで、試験科目数とも関連して試験をどのような時間配分で何日間実施するかは省によって異なっている（**表1-3**）。試験科目は現在、「3＋x」方式と概括されており、基本的に国語（原語は「語文」）、数学、外国語[32]の3科目はどの省でも課し、それ以外の

全国統一大学入学試験当日の様子
（北京市、1996年7月、筆者撮影）

表1-3　全国統一大学入学試験時間割（2014年、一部）

省	6月7日		6月8日		6月9日	
	9:00〜11:30	15:00〜17:00	9:00〜11:30	15:00〜17:00	9:00〜11:30	15:00〜17:00
北京	国語	数学	文総／理総	外国語		
天津	国語	数学	文総／理総	外国語（ヒアリングを含む)		
山西	国語	文系数学or理系数学	文科総合or理科総合	外国語（ヒアリング試験を筆記試験の前に実施）		
内蒙古	モンゴル語甲／朝鮮語	数学／高職数学／高職数学（モンゴル語）	文総／理総／高職専業課総合	外国語（ヒアリングを含む）／高職外国語（ヒアリングを除く）	モンゴル語乙／少数民族用中国語三級筆記試験・ヒアリング試験(9:00〜11:00)	
遼寧	国語／中国語	数学	文科総合／理科総合	外国語	朝鮮語／モンゴル語／チベット語	
黒龍江*	国語／中国語	数学	文科総合／理科総合	外国語	朝鮮語／モンゴル語	
上海	国語	数学	政治、歴史、地理、物理、化学、生命科学	外国語（ヒアリングを含む）		
江蘇	国語（文系の受験者は試験時間を30分延長)	数学（理系の受験者は試験時間を30分延長）	―	外国語	物理、歴史 9:00〜10:40（両科目は同時に実施）	化学、生物、政治、地理 15:00〜16:40（4科目は同時に実施）
浙江	国語	数学（文／理）	総合（文／理）	外国語	自己選択モジュール	
安徽	国語	数学	文科総合／理科総合	外国語		
福建	国語	数学	文科総合／理科総合	外国語		
江西	国語	数学	文科総合／理科総合	外国語	実技試験科目（午前）	
山東	国語	数学	文科総合／理科総合	外国語		

湖北	国語	数学	文科総合／理科総合	外国語		
湖南	国語	数学	文科総合／理科総合	外国語		
広東	国語	数学	文科総合／理科総合	外国語		
海南	国語	数学	政治／物理	英語（ヒアリング試験を筆記試験の前に実施）	歴史／化学	地理／生物
重慶*	国語	数学	文科総合／理科総合	外国語（英語は15:00-16:40）		
四川	国語	数学	文科総合／理科総合	外国語		
陝西	国語	数学	文科総合／理科総合	外国語		
甘粛	国語	数学	文科総合／理科総合	外国語		
寧夏	国語	数学	文科総合／理科総合	外国語		
新疆	国語	数学	文科総合／理科総合	外国語／中国語	モンゴル語	双語班英語

出典：「2014年全国各地高考各科考試時間匯總」(http://gaokao.chsi.com.cn/z/gkbmfslq/kssj.jsp、2014年7月1日最終確認)より筆者作成。なお*を付した黒龍江省と重慶市については、地方の新入生募集委員会のサイトで確認（2014年7月2日）。

科目については個別科目あるいは複数をあわせた科目として省ごとに設定される。そのうち「文科総合」は政治、歴史、地理を含む総合科目であり、「理科総合」は物理、化学、生物をあわせた総合科目となっている[33]。多くの省では、国語、数学、外国語、文科総合／理科総合という組み合わせだが、江蘇省や海南省のように個別科目を課す省もある。それから、内蒙古自治区、遼寧省、黒龍江省、新疆ウイグル自治区などでは少数民族言語の試験が設けられている。なお、浙江省にある「自己選択モジュール」（原語は「自選模塊」）とは聞きなれないが、国語、数学、英語、政治、歴史、地理、物理、化学、生物の9科目から2つずつ、あわせて18の選択モジュールとよばれる問題が出され、受験者はそのうち6題を選んで解答することになっている[34]。

また、試験問題も、教育部試験センター（原語は「考試中心」）が出題する

問題を使用する省もあれば、すべての科目あるいは一部の科目について独自の問題を作成し出題する省もあるという状況になっている[35]。つまり、同じ大学に入学するとしても、受験科目や試験問題は省によって異なっているのである。こうした筆記試験に加えて、思想政治品徳の検査認定と身体検査も行われることになっている。前者については、受験者が在学する学校や所属組織などが行うこととされ、憲法が規定する基本原則に反対する言動を行ったり邪教組織に参加したり、あるいは治安管理で処罰を受けたりしている場合で程度が著しいときには不合格になるとされている。

　この試験の終了後、高等教育機関による新入生受け入れは、次のように行われる。まず、各省で高等教育機関が、機関の種別やランクをもとにいくつかのグループに分けられる。そして、当該省で決められた順序にしたがってグループごとに機関が受け入れる学生が決定されていく。原則として同一機関の同一学歴段階の新入生募集は同一グループに含められる。各省では、当該省において各機関から配分された新入生募集人数と受験者の試験の成績を総合的に考慮して各グループの合格可能最低点（原語は「録取控制分数線」[36]）が設定される。そして、各機関はその合格可能最低点以上の受験者を対象にし、当該省における新入生募集人数の120％以内で受験者の情報を入手し、合否を決定することになっている。この情報を入手する受験者の最低点が当該機関における合格最低点となる。つまり、上述した合格可能最低点はその機関を含むグループ全体で合格可能性のある点数なのに対して、合格最低点はそのグループに含まれるある特定の機関に合格する可能性があることを示す最低点数であり、当然合格可能最低点以上となる。

　この合格者決定過程において、受験者の得点は基本的には素点が用いられるが、いくつかの条件を満たす者に関しては20点を限度として加算点が与えられることになっている。その対象には例えば、高級中学段階で思想政治品徳に関して傑出した事績を有する者や、科学オリンピックやスポーツの全国大会などで優秀な成績を収めた者などが含まれる[37]。同時に、特別な配慮が必要な受験者には、やはり20点を限度として、合格可能最低点を下げる措置もとられている。そうした条件には、少数民族出身であること、帰国子

女や華僑の子弟、台湾省籍であること、烈士の子女であることが挙げられている。そうした調整を含む合格者決定手続きは、各省の新入生募集委員会が組織的に実施することとされている。合格者の決定は7月上旬から始まり、8月20日までにはすべてが終了することになっている。

この全国統一入学試験の志願者数は、入学定員の増加とともに大きく増えてきた。ただし、2008年にそのピークを迎えた後は減少傾向が見られた（図1-1）。この結果、同じ時期に普通高等教育の本科課程及び専科課程の入学者数が継続的に増加したこともあり、入学者総数が志願者総数に占める比率は高まった[38]。2002年には、志願者527万人に対して同年における普通高等教育の入学者数は320万人で[39]、その比率は60.8%だったのに対して、2005年前後には志願者数の増加が入学者数を上回りその比率は下がった。しかし、その後は上昇に転じ、2013年になると、志願者912万人に対して同年における普通高等教育の入学者数は699.83万人で[40]、その比率は76.3%となっている。つまり、単純に割合だけから考えると、志願者の4人に3人は普通高等教育を受けるべく進学しているのである。

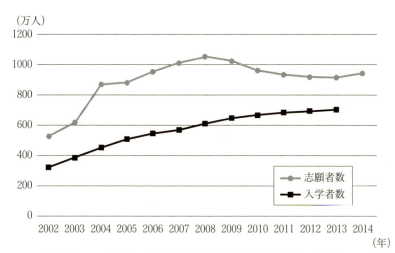

図1-1　全国統一大学入学試験志願者数及び入学者数の変遷

出典：志願者数については、2002年から2004年までは『中国教育統計年鑑』各年版、2005年から2014年までは「図解2014年全国高考報名人数」(http://www.eol.cn/html/g/tsgkrs/index.shtml、2014年7月10日最終確認)、入学者数については、『中国教育統計年鑑』各年版より筆者作成。

全国統一大学入学試験を中心とする選抜方法以外では、文革前に始まった推薦入学制度が文革終結後にも行われている。1980年代を通じて制度化が進められたが、問題点も現れたため、2000年前後には学力筆記試験が課されたり、出願資格をできるだけ具体的な形で厳格化したりするといった改革が行われた[41]。2014年の規定[42]にもとづけば、この選抜は現在、次のように行われている。出願資格を有するのは、(1) 高級中学段階で省レベルの優秀学生と認められた現役の高級中学卒業生、(2) 科学オリンピック全国大会で1等賞を獲得し、国際オリンピック集中訓練に参加した現役の高級中学卒業生、(3) 推薦を認められた外国語中学で学び、思想品徳と学習成績が優れた現役の高級中学卒業生、(4) 公安英烈子女、(5) 全国大会で3位以上、アジア大会で6位以上、世界大会で8位以上を獲得したことがあるスポーツ選手とされており、かなり限定的で明確である。これらの資格に合致する者は本人が在籍する学校または関連部門で申請し、担当部門で審査が行われた後、省レベルの教育行政機関、新入生募集・試験組織、受験者が在籍する学校で結果が公表される。そこで確定された有資格者は、各大学の学力試験や関連の検査を受ける。面接試験を行う場合、そのすべての過程を録画することが求められている。そうした試験や検査で合格となった者のリストが4月10日までに各大学から政府系のインターネットサイト「陽光高考」に送られ、ネットワーク上で管理部門の審査を受けた後、4月末までに確定された名簿が各大学に送られる手順になっている。この選抜で合格となった者は先述した全国統一大学入学試験に参加する必要はない。

　また、2003年からは自主学生募集（原語は「自主招生」）制度が導入された。これは、学力試験を基礎とし各大学での多様な評価にもとづいて合格者を決定する制度の充実や大学の運営自主権のいっそうの拡大を目的として、大学が主体的に選抜・受け入れを行う方法である。もともとは、大学がそれぞれ条件を提示して自らにふさわしい学生をあらかじめ選んで合格候補者とし、彼らが全国統一大学入学試験で一定以上の得点をとれば優先的に入学させることになっていた。合格候補者の選抜は一般に、第1次審査と第2次審査からなる。第1次審査は多くの場合書類審査で、出願条件に合致しているかど

うかの確認である。第2次審査では、学力試験が行われることが多く、大学によっては面接試験を課すところもある。2003年には22校で試験的に導入されたが、年ごとに実施大学は増加し、2014年にはこのルートで全国的に学生募集を行う大学が78校に達し（**表1-4**）、それ以外に所在省のみで自主学生募集を行う大学も認められるようになっている[43]。自主学生募集の定員は一般に、当該大学における募集総数の5％以内とされている。

　自主学生募集制度による新入生の募集は、2014年度までは、具体的には次のような手順で行われてきた。まず、それぞれの大学が、出願条件や選抜方法、合格者決定手順などを明記した募集要領を公表する[44]。大学が提示する条件の中には、高級中学段階での成績が一定程度以上であることや、何らかの資格を持っていたり受賞歴があったりすることが含まれる場合がある。各大学の選抜・受け入れ条件に合致し、その大学への入学を希望する志願者はまず在籍する学校または専門家の推薦、もしくは自己推薦により、必要な資料を大学に提供することになっている。

　大学での選抜は一般に、10月から翌年3月にかけて、第1次審査（書類審査）と第2次審査（学力試験、面接試験、実技試験など）の2段階で行われてきた。大学は専門家グループを組織して、自らが確定し公示した条件と方法にしたがってまず受験者の資料について審査を行い、第1次審査の合格者を決定する。それから、彼らに対して学力試験や面接試験などの方法で評価し、検査を行って、合格候補者を決め、大学の新入生募集指導グループが審査認定して合格候補者の名簿を確定した。

　選抜のしかたは各大学で決められるが、2010年以降、この第2次審査において複数大学が共通で学力試験を実施するようになった[45]。例えば、中国人民大学、上海交通大学、中国科技大学、西安交通大学、南京大学、浙江大学、清華大学の7大学は2010年度から共通学力試験（Advanced Assessment for Admission）を導入し、全国33都市に試験場を設けて試験を行ってきた。各大学はその試験の成績（総合点、各科目成績）にもとづいて決定した合格者に対してさらに大学独自の試験や面接を実施し、合格候補者となる者を選抜した。試験科目は当初、文系では読解・作文、数学、人文・社会の3科目、理

表1-4 自主学生募集を実施する大学（2014年度）

省	大　　　学
北京	**北京大学**、**北京大学医学部**、**中国人民大学**、**清華大学**、北京交通大学、北京科技大学、北京化工大学、北京郵電大学、北京林業大学、北京中医薬大学、**北京師範大学**、北京語言大学、中国伝媒大学、中央財経大学、対外経済貿易大学、**中国政法大学**、華北電力大学、中国石油大学（北京）、<u>北京航空航天大学</u>、<u>北京理工大学</u>
天津	<u>南開大学</u>、<u>天津大学</u>
遼寧	<u>大連理工大学</u>、<u>東北大学</u>、大連海事大学
吉林	<u>吉林大学</u>、東北師範大学
黒龍江	哈爾濱工業大学、哈爾濱工程大学
上海	**復旦大学**、**同済大学**、**上海交通大学**、華東理工大学、東華大学、**華東師範大学**、上海外国語大学、上海財経大学
江蘇	**南京大学**、**東南大学**、中国鉱業大学、河海大学、江南大学、南京農業大学、中国薬科大学、南京航空航天大学、南京理工大学、蘇州大学
浙江	**浙江大学**
安徽	**中国科学技術大学**、合肥工業大学
福建	<u>厦門大学</u>
山東	<u>山東大学</u>、<u>中国海洋大学</u>、中国石油大学（華東）
湖北	<u>武漢大学</u>、**華中科技大学**、中国地質大学（武漢）、武漢理工大学、華中農業大学、華中師範大学、中南財経政法大学
湖南	<u>湖南大学</u>、<u>中南大学</u>
広東	**中山大学**、華南理工大学
重慶	**重慶大学**、西南大学
四川	<u>四川大学</u>、西南交通大学、<u>電子科技大学</u>、西南財経大学
陝西	<u>西安交通大学</u>、西安電子科技大学、長安大学、<u>西北農林科技大学</u>、陝西師範大学、<u>西北工業大学</u>
甘粛	<u>蘭州大学</u>

注1：太字は2003年に実施が認められた22大学。下線を引いたのは「985プロジェクト」の大学。なお、「985プロジェクト」39大学のうちこの表に含まれていないのは、中国農業大学、中央民族大学、国防科学技術大学の3大学。また、この表にある大学は1校（北京語言大学）を除いてすべて「211プロジェクト」の対象校である。
注2：所在省のみで自主学生募集を行っている大学は含めていない。
出典：「2014年具有自主選抜録取試点資格的高校名単及招生簡章」(http://gaokao.chsi.com.cn/z/tszs/zzxb.jsp、2014年7月1日最終確認）より筆者整理。

第1章　中国における大学及び大学院の入学者選抜　41

系では読解・作文、数学、自然科学の3科目が課されたが、その後数学と論理、物理探究、読解と表現という3科目が設けられ、数学と論理は受験者全員が必修で、残りの2科目から1つを選んで受験することになった。また、

廈門大学（廈門市、2006年11月、筆者撮影）

北京大学、北京航空航天大学、北京師範大学、南開大学、復旦大学、廈門大学、山東大学、武漢大学、華中科技大学、中山大学、四川大学、蘭州大学そして香港大学の13大学[46]は2011年度に「中国総合大学自主学生選抜募集連合試験」を導入した。この試験でもやはり全国の各省に試験場が設定された。この試験が導入された理由は、受験者の関心にもとづき、受験者により多くの選択の機会を与え、受験者の負担を軽減して中等教育段階での「素質教育」のいっそう深いレベルでの実施を推し進めることであった。志願者はこの試験を受ける際に3つの大学に出願することが可能で、各大学は試験に先立って、志願者の提出書類をもとに第1次審査で試験参加者を決定した。試験科目は当初、国語、数学、英語、物理、化学、歴史、政治の7科目であったが、その後自然科学基礎（数学、物理）と人文科学基礎（国語、数学）の2つになった。さらに、北京理工大学、重慶大学、大連理工大学、東南大学、哈爾濱工業大学、華南理工大学、天津大学、同済大学、西北工業大学の9校が2011年から、創造力の面で潜在的な資質を有し、専門分野で優れていて、全面的に発達し、総合的な資質がかなり高い優秀な学生を共同で選抜することをめざして、「卓越人材連合養成共同大学連合自主学生選抜・受入学力試験」を実施し、全国に試験場を設定した。この学力試験では、読解・作文能力試験と数学・物理（または化学）試験（文系は数学のみの試験）が当初課されたが、その後、科目基礎測定試験Ⅰ（数学、物理）と科目基礎測定試験Ⅱ（数

学、国語)の2科目になった。例えば東南大学では、第1次審査で志願者の中から学力試験参加者を確定し、この学力試験の結果で合格候補者を決定した。このほか、北京市内の5大学(北京化工大学、北京林業大学、北京郵電大学、北京交通大学、北京科技大学)による共通学力試験も行われた。筆記試験として能力測定試験と科目基礎試験があり、後者は数学、化学、国語の3科目で、志望専攻によって受験科目が指定されていた。ただし、こうした連合試験はいずれも、2015年度からは実施されないことになっている[47]。廃止の理由としては、社会的に全国規模の学力試験とみなされて、受験者の負担が増すとともに、高級中学の教育に影響を与えることが挙げられた[48]。

　各大学で選抜され確定された受験者の名簿は、受験者が在籍する学校に速やかに通知されるとともに、受験者が所在する省レベルの新入生募集事務室に報告され、学校の校内、省レベル新入生募集事務室のサイト、当該大学のサイトで公示される。また教育部は4月15日に「陽光高考」サイトで自主学生募集を行った大学の合格候補者名簿を公示した。そして、これら各大学の自主学生募集で合格候補者となった受験者は、全国統一大学入学試験に参加し、大学があらかじめ定めた基準をクリアすると優先的に合格となった。ここで設定される基準も大学によって多様である。

　この自主学生募集制度は、2015年度の入学者選抜から実施方式が大きく変わった。新たな方式では、書類審査にもとづく第1次試験合格者が4月末までに公表された後、受験者は全国統一大学入学試験に参加し、その直後、6月10日から22日の間に各大学で審査(第2次試験)が行われる。上述したように、このとき連合試験は行われない。その後、合格有資格者名簿が公表され、受験者は全国統一大学入学試験の成績が出た後改めて出願し、合格者が決定されることになっている[49]。

　このほか、体育や芸術に秀でた学生を対象とした選抜も行われている。いずれも全国的な規定が公布され、そのもとで、実施が認められた大学がそれぞれ選抜方法を定めている。具体的な例として、「高水準スポーツ選手」(原語は「高水平運動員」)を受け入れる資格を得ている北京大学の選抜方法(2015年)を見てみると、次のようになっている。同大学が受け入れるのは、陸上

競技、バスケットボール、卓球、エアロビクス、バドミントン、水泳の選手である。出願資格は、国家二級以上の選手資格を持ち高級中学在学中に省レベル以上で優秀な成績を収めた者か、高級中学卒業と同等の学力を備え、国家一級の選手資格を持ち3年以内に全国大会あるいは国際大会で優秀な成績を収めた者である。選抜は、第1次審査として書類審査が行われ、その後第2次審査として実技試験と学力試験が課されて、合格候補者が決定される。彼らは全国統一大学入学試験に参加し、通常北京大学に合格できるよりもかなり低く設定された基準をクリアすれば合格となる。なおこのルートで合格した学生は、専門分野を選択する機会を広げるため、5年制とされている[50]。

以上のように、大学入学者選抜においては、全国統一の学力筆記試験が依然として大きな決定力を持つ一方、推薦入学や自主学生募集など多様な選抜方法も、規模は小さいながら実施されるようになっている。これらの選抜方法では各大学の自主権を拡大させることが目的の1つとなっているが、そのことは同時に新たな問題を生じさせている。また、選抜の実施にあたっては教育部や教育部試験センターが大きな役割を果たすとともに、各省に置かれた新入生募集委員会も選抜の過程に大きく関わっている。

5．大学院入学者選抜制度

1　大学院教育再開期の募集方法

それでは続いて、大学院段階の入学者選抜制度について検討する。

1977年に出された「高等教育機関の大学院生募集・受け入れに関する意見」（原語は「関於高等学校招収研究生的意見」）は、文革終結直後いち早く再開された大学院教育の基本的枠組みを示すものであり、この中には大学院生の条件や募集方法も規定されていた。それによれば、まず大学院生の条件は「政治的経歴がはっきりしていて、中国共産党を擁護し、社会主義を愛し、労働を愛し、革命の紀律を遵守し、革命のために学ぶことを決心していて、大学卒業の文化程度を有し、一定の研究能力と専門分野における特長を有する」ことであり、工場、農村、学校、部隊、機関、企業・事業組織と科学研

究機関から選抜するとともに、当該年の大学卒業生の中から選んで大学院生として大学に残すこととされた。後者については一般には30歳を超えないとされ、前者のカテゴリーは35歳を超えないこととされた[51]。それから大学院生の募集方法は、自己志願、所属組織の推薦、試験という手順であることが規定された[52]。試験では、政治、国語、外国語や専門科目が課された。政治と国語の試験は教育部によって出題され、すべての受験者が受けなければならなかった。外国語は、多くの機関では英語ないし日本語が課されたが、より多くの言語から選択することが可能な機関もあった。専門科目は、個々の機関によって出題された[53]。

　1980年に「中華人民共和国学位条例」が施行され、大学院教育が博士課程と碩士課程に分かれると、従来の大学院課程は碩士課程に位置づけられた。そして、1982年に「博士課程大学院生の募集・受け入れに関する暫定規定」(原語は「関於招収攻読博士学位研究生的暫行規定」) が公布され、博士課程大学院生の受験資格や募集方法が決められた[54]。受験資格は、(1)「マルクス・レーニン主義と毛沢東思想の基本原理を熟知していて、4つの基本原則を堅持し、品徳がよく、法規を遵守し、学習に勤しんで、社会主義現代化建設に奉仕するよう決心している」こと、(2) 碩士学位を有するか、同等の学力を備えていること、(3) 健康で、一般に40歳以下であること、(4) 当該専門分野と関連のある副教授以上の専門家2人の推薦があることの4点である。そして募集方法では、試験と推薦、筆記試験と口述試験を組み合わせる方法がとられた。試験では、マルクス・レーニン主義理論科目、外国語と専門科目等の科目が課せられた。専門科目の数、受験申し込み期間と試験実施日は各募集機関が確定することになっていた。

　選抜方法に着目すると、まず1977年の募集では新入生を募集する機関が政治審査と筆記試験を行うこととされた。1978年になると、第1次試験（原語は「初試」）、第2次試験（原語は「復試」）という2段階での実施が始まったが、第1次試験での筆記試験は各機関で行われることになっていた。その後、試験問題の統一が始まったのは1980年で、この年の新入生募集から政治理論科目と外国語科目（英語、ロシア語、日本語）が全国統一で出題されるように

なった。さらに1987年になると、工学分野及び経済学分野の数学、農学（林学を除く）の専門基礎科目、それから基礎医学、中国医学、臨床医学専攻における一部の科目が全国統一での出題となった。このように、1980年代を通じて統一試験科目の指定が増加してきた[55]。この傾向はその後も、専門職学位課程の拡大に伴って継続するとともに、2000年代に入るといくつかの専門分野で基礎科目の統一が進んだ。

2　現行の選抜方法

　それでは現在、大学院入学者選抜はどのように実施されているのだろうか。ここでは「2014年全国碩士学位大学院新入生募集活動管理規定」[56]を手がかりとして、碩士課程の入学者選抜方法の概要をまとめることにする。

　碩士課程の受験資格は、(1) 中華人民共和国公民であること、(2) 中国共産党の指導を擁護し、社会主義現代化建設に奉仕することを望み、品徳が良好で、紀律と法を遵守すること、(3) 身体と健康の状況が国と新入生募集機関が規定する健康診断の要求に合致することに加えて、(4) 所定の学歴条件を満たしていることとなっている。最後の学歴に関しては、多様な高等教育の存在から、国が学歴を承認する本科課程の卒業生を基本にそれと同等な資格が定められている。専門職学位課程の受験者に関しては、さらに限定的な条件が付されている。なお2013年までは年齢に関する条件もあったが[57]、2014年にはこの条件は見られなくなっている。

　出願にあたっては、インターネットでの出願とされている。

　入学試験は大きく、第1次試験と第2次試験からなる。第1次試験は国が統一的に組織し、第2次試験は新入生を募集する高等教育機関が自ら組織することになっている。また、第1次試験には、全国統一試験、連合試験、単独試験とともに、推薦による試験免除がある。

　第1次試験の期日は、教育部によって決められる（2014年は1月4日〜6日）。試験科目は、後に挙げる例外を除き一般に4科目で、思想政治理論科目、外国語と2つの専門科目である。いずれも筆記試験で、試験時間はそれぞれ3時間となっている。教育学類、歴史学類、医学類の専攻では試験科目は3つ

で、政治理論科目、外国語科目、専門基礎総合科目となっている。専門職学位課程の専攻は1～3科目の試験が課されることになっている。例えば、金融碩士、保険碩士などは経済類総合能力試験科目の1科目のみであり、体育碩士、応用心理碩士、薬学碩士などは政治理論科目、外国語科目、専門基礎総合科目の3科目が課されている。

　試験科目は全国統一試験科目、全国連合試験科目、個別機関が自ら出題する科目の3種類に分けられる。このうち全国統一試験科目は、思想政治理論、英語一、英語二、ロシア語、日本語、数学一、数学二、数学三、教育学専門基礎総合、心理学専門基礎総合、歴史学基礎、西洋医学総合、中国医学総合である。教育学、歴史学、医学分野の基礎科目は2007年から統一試験化された。また全国連合試験科目は、数学（農学系）、化学（農学系）、植物生理学・生物化学、動物生理学・生物化学、コンピュータ分野専門基礎総合、管理類総合能力連合試験、法律碩士専門基礎連合試験（非法学）、法律碩士総合連合試験（非法学）、法律碩士専門基礎連合試験（法学）、法律碩士総合連合試験（法学）である。このうちコンピュータ分野の連合試験は2009年に導入された。これら全国統一試験科目と全国連合試験科目は教育部試験センターによって出題される。なおこれらの科目の中で、教育学専門基礎総合、心理学専門基礎総合、歴史学基礎、数学（農学系）、化学（農学系）、植物生理学・生物化学、動物生理学・生物化学、コンピュータ分野専門基礎総合は学生を募集する機関が自ら選択して用いることとされている。例えば、北京師範大学は2014年の学生募集において、心理学専門基礎総合やコンピュータ分野専門基礎総合は利用したが、教育学や歴史学については上記の統一問題は用いず、同大学が自ら出題している[58]。

　第1次試験における単独試験とは、教育部の認可を経た一部の新入生募集機関が、特定の出願条件に合致する在職者のために単独で出題する試験を指す。

　第2次試験に参加できるのは、第1次試験の結果が教育部の定めた基準に達している者のうち各募集機関による要求を満たしたものであり、募集定員の120%程度とすることになっている。第2次試験では、受験者の専門能力、

創造的精神と想像力、総合的な資質等が検査される。同等の学歴という資格で受験した者にはさらに科目試験が課される。このときの試験科目は第1次試験とは異なるものが課されることになっている。試験が終わると、試験の成績と、平素の学習、思想、業務、健康の状況を勘案して合格者名簿が作成される。合格者は、本人の申請と新入生募集機関の同意を経た後、入学資格を保留し、1、2年の就労の後に改めて入学し学習することもできる。

北京大学の2014年度碩士課程新入生募集を例にすれば、第1次試験における全国統一試験科目の基準点は**表1-5**のように設定されていた。この表からわかるのは、第1次試験の合否を決めるにあたっては、合計点（総合成績）だけでなく、各科目で最低基準に達していることが条件になっているということである。この基準をクリアすると、同大学では第2次試験として筆記試験、口述試験、あるいはその両者を用いて上述した受験者の能力を検査することになっている。第2次試験は3月下旬に実施された。

こうした選抜とは別に、推薦による試験免除（原語は「推免」）というルートがある。これは、教育部の規定にしたがって全国の重点大学が優秀な現役の本科課程卒業生を推薦して第1次試験（全国統一の学力筆記試験）を免除する資格を確認し、新入生募集機関が選抜試験を行って合格者を決定する選抜

表1-5　北京大学2014年度碩士課程新入生募集の第1次試験
　　　　（全国統一試験科目）における基準点

	政治	外国語	数学	専門科目	合計点
哲　学（01）	50	50	90	90	360
経済学（02）	55	55	90	90	370
法　学（03）	50	50	90	90	345
教育学（04）	50	50		180	360
文　学（05）	50	50		90	345
歴史学（06）	50	50		180	345
理　学（07）	50	50	90	90	320
工　学（08）	50	50	90	90	320
管理学（12）	50	50	90	90	350
芸術学（13）	50	50		90	350

出典：「北京大学2014年碩士生招生復試基本分数線与有関事項通告」(http://grs.pku.edu.cn/zsxx/sszs/shuofsxx/37763.htm、2014年7月2日最終確認）より筆者作成。

表1-6 北京大学における推薦による試験免除の規模

	募集人数	推薦定員	推薦定員の比率	学内推薦人数
数学科学学院	80	49	61.3	38
物理学院	100	42	42.0	28
化学与分子工程学院	79	50	63.3	30
地球与空間科学学院	70	43	61.4	28
環境学院	193	102	52.8	35
心理学系	65	29	44.6	20
新聞伝播学院	70	36	51.4	21
教育学院	26	22	84.6	17

出所：張亜群等『中国研究生招生考試改革研究』広東高等教育出版社、2013年、44-45頁。

方式である。この選抜は上述した筆記試験に先だって行われる。この方式で学生募集を行う高等教育機関は限定的であり、学生募集人数全体に占める比率は大学によって異なっているはずだが、大学が具体的な募集人数を公表していないため、規模ははっきりしない。やや古い資料だが、2007年の北京大学において、推薦による試験免除の規模は**表1-6**のようになっていた。一般的には、威信の高い大学ほどこのルートの比率を高くして、優秀な学生を確保しようとしていると推察される。

この推薦による試験免除方式での新入生募集は、志願者の総合的な資質を評価できるとか、高等教育機関の学生募集に関する自主権を拡大させるといった長所があるとされる。しかし他方で、インブリーディングを生じさせやすい、選抜基準の設定が合理的でない、腐敗の温床になりやすいといった問題も指摘されている[59]。

最後に、碩士課程入学者選抜の実施状況を確認すると**図1-2**のようになる。2005年からの10年間、志願者数は全体的に見れば増加傾向にあり、2014年には、前年よりやや減少したものの、172万人に達している。一方、合格者数は一貫して増加しており、2005年の31万人から2014年の55.1万人へと20万人以上増えている。この間、合格者数に対する志願者数の比率（志願倍率）は3倍前後で推移している。

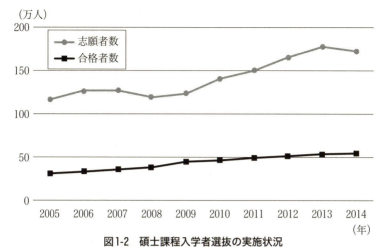

図1-2　碩士課程入学者選抜の実施状況
出典：「近十年研究生報名録取情況」(http://kaoyan.eol.cn/nnews_6152/20140529/t20140529.1122305.shtml、2014年7月2日最終確認) より筆者作成。

　こうした大学院入学者選抜に関しては、教育部が全体的な方針や規定を定め、全国統一入学試験の実施を組織するほか、各省の新入生募集委員会が当該地区の碩士課程大学院生募集の管理活動に責任を負う体制となっている。同時に、個別機関による専門科目出題の容認や、推薦による試験免除方式の実施により、各機関の自主権も一定程度認められている。

6．中国における大学入学者選抜及び大学院入学者選抜の特徴

　ここまで、中国における大学入学者選抜及び大学院入学者選抜のありようについて検討してきた。両者の異同を整理すると、次のようにまとめることができるだろう。

　共通点としては、第1に、選抜方針、選抜方法の決定や、選抜の実際の過程に対して教育部（中央教育行政部門）が強く関わっている点がある。どちらの選抜においても、実施にあたっては毎年、具体的な内容を伴った実施要項が教育部から公表されている。大学入学者選抜ではそれに加えて、省レベルの新入生募集委員会も選抜過程に深く関わっている。第2に、全国的に統制

された選抜が行われ、とりわけ全国型の学力筆記試験が大きな役割を果たしている。大学入学者選抜における全国統一大学入学試験は大多数の大学入学者を決定する唯一の選抜手段となっている。大学院入学者選抜では多くの分野で専門科目が大学単位で出題されているものの、政治理論科目や外国語、数学など基礎的な科目は全国統一で出題されているし、個別の専門分野でも専門科目が全国統一試験科目や連合試験科目として課されるようになっている。第3に、全国型の学力筆記試験のみによらない選抜方法が導入されている。大学入学者選抜では推薦入学制度や自主学生募集制度が取り入れられているし、大学院入学者選抜でも推薦による試験免除方式が取り入れられている。ただし、これらの方法で選ばれる入学者は全体から見れば少数にとどまっている。

　一方相違点としては、第1に、大学入学者については大多数が全国統一大学入学試験のみで選抜されるのに対して、大学院入学者選抜ではとくに個別機関による第2次試験が行われており、後者の方が各大学の自主権がより大きい。すでに述べたように、大学院入学者選抜第1次試験の筆記試験でかなりの科目が大学ごとの出題となっていることも、この違いを強めている。これとも関連して第2に、大学入学者選抜では自主学生募集制度の拡大など個別機関の自主性を強める動き、受験科目や出題について省ごとの多様化を容認する動きが進んでいるのに対し、大学院入学者選抜では第1次試験における一部科目の統一試験化など統一に向かう動きも存在している。第3に、大学入学者選抜では大多数の入学定員が省を単位としてあらかじめ割り当てられるのに対して、大学院入学者選抜ではそうした措置はとられていない。

　全体として見れば中国では、政府が強く関わりながら規範化された学力筆記試験を核とする選抜を行うことによって、選抜における公平性、公正さの確保や質の維持がめざされている。同時に、質の維持・保証のための統制と各大学の自主権の拡大の間でどのような均衡を図るのかという点から両方の選抜の改革が進められていると言える。

注

1 王曙光他編『最新教科書　現代中国』柏書房、1998年、153–160頁。
2 中岡まり「一党支配下の権力構造」家近亮子・唐亮・松田康博編著『5分野から読み解く現代中国 —— 歴史・政治・経済・社会・外交』晃洋書房、2005年、75頁。
3 王他、前掲書、1998年、131–140頁。
4 「江沢民総書記在全国科学技術大会上的講話」《中国教育年鑑》編輯部編『中国教育年鑑　1996』人民教育出版社、1997年、1–7頁。
5 「面向21世紀教育振興行動計画」中華人民共和国教育部『面向21世紀教育振興行動計画学習参考資料』北京師範大学出版社、1999年、3–20頁。
6 「国家中長期教育改革和発展規劃綱要」《教育規劃綱要》工作小組辦公室『教育規劃綱要学習輔導百問』教育科学出版社、2010年、1–68頁。
7 中国の高等教育体系については、南部広孝『中国高等教育独学試験制度の展開』東信堂、2009年、44–47頁を参照のこと。
8 2013年の統計によれば、成人高等教育を受けている学生の総数626万4,145人のうち、成人高等教育機関の在籍者は44万7,712人にすぎず、92.8％に相当する581万6,433人は普通高等教育機関で開設されている成人高等教育部門に在籍している（教育部発展規劃司編『中国教育統計年鑑　2013』人民教育出版社、2014年、34–35頁）。
9 中国では、日本などとは異なり、高等教育における課程の修了と学位の授与は同じことを意味しない。すなわち、課程を終えて卒業した者の中に学位の取得を認められない者が存在している。この点については、南部広孝「中国における学習成果にもとづく大学教育の質保証 —— 政府主導による多様な取り組みの促進」深堀聰子編『アウトカムに基づく大学教育の質保証 —— チューニングとアセスメントにみる世界の動向』東信堂、2015年、119–120頁を参照のこと。
10 中華人民共和国国家教育委員会計劃建設司編『中国教育事業統計年鑑　1996』人民教育出版社、1997年、18頁及び教育部発展規劃司編『中国教育統計年鑑　2000』人民教育出版社、2001年、24頁。
11 教育部発展規劃司編『中国教育統計年鑑　2003』人民教育出版社、2004年、18頁、30–31頁。
12 前掲『中国教育統計年鑑　2013』、20頁、32–33頁。
13 「中華人民共和国高等教育法」は、長谷川豊・南部広孝・吉村澄代「『中華人民共和国高等教育法』訳と解説（前編）」『季刊 教育法』第118号、エイデル研究所、1998年、36–44頁、長谷川豊・南部広孝・吉村澄代「『中華人民共和国高等教育法』訳と解説（後編）」『季刊 教育法』第119号、エイデル研究所、1999年、41–47頁に訳出されている。
14 国家発展改革委員会・教育部・財政部「高等教育"211工程"三期建設総体方案」郭新立主編『中国高水平大学建設之路 —— 従211工程到2011計劃』高等教育

出版社、2012年、205–209頁。
15 陳希「以改革創新精神加快推進世界一流大学和高水平大学建設歩伐 —— 在"985工程"二期験収工作会議上的講話」《中国教育年鑑》編輯部編『中国教育年鑑2011』人民教育出版社、2012年、34–43頁。
16 南部、前掲論文、2015年、110–112頁。
17 中国の大学評価に関しては、南部広孝「中国における大学教育評価の展開 —— 本科課程教学評価を中心に」『大学経営の高度化とそれを支援する政策のあり方』(平成18〜20年度科学研究費補助金(基盤研究(B)、課題番号18330182)研究成果報告書 研究代表者:塚原修一)国立教育政策研究所、2009年、99–117頁を参照のこと。
18 教育部「関於普通高等学校本科教育評估工作的意見」(2011年10月13日)(http://www.pgzx.edu.cn/modules/wenjianhuibian_d.jsp?id=725、2015年7月20日最終確認)。
19 1970年代後半から2000年頃までの大学院教育の変化については、南部広孝「大学院教育の制度化」南部広孝編『文革後中国における大学院教育』(高等教育研究叢書69)広島大学高等教育研究開発センター、2002年、1–14頁、南部、前掲書、2009年の第1章を参照のこと。
20 1980年代(1984年、1986年)に「研究生院」の試験的設置が認められた機関(32校)については、王幡・南部広孝「大学院教育及び学位の管理体制」南部編、前掲書、2002年、36頁に一覧が掲載されている。なお、中国科技大学では1978年に「研究生院」が成立している。それらの「研究生院」は1996年に正式設置となった。また、2000年に新たに22の機関で試験的設置が行われ、いずれも2004年に「研究生院」の正式設置が認められている(《中国教育年鑑》編輯部編『中国教育年鑑 2005』人民教育出版社、2005年、257頁)。
21 中国における専門職学位の導入については、楠山研「学問学位と専門職学位」南部編、前掲書、2002年、72–84頁を参照のこと。
22 大塚豊『中国大学入試研究 —— 変貌する国家の人材選抜』東信堂、2007年、35–53頁。
23 文革期の推薦入学制度については、南部広孝「中国の大学入学者選抜における推薦入学制度の変遷」『大学論集』第37集、広島大学高等教育研究開発センター、2006年、171–173頁、大塚、同上書、85–110頁などを参照のこと。
24 「中共中央関於北京大学、清華大学招生(試点)的請示報告的批示」楊学為編『高考文献 上(1949 – 1976)』高等教育出版社、2003年、631–633頁。
25 ドーア、R.Pは文革期の大学入学者選抜方法について「官吏を選ぶのに学力テストの成績を使う方法を世界に先がけて発明し、中国にならって同じことを始めた欧米諸国より一三〇〇年も早くそれを全面的に制度化した国が、その制度を廃止する方でも先鞭をつけたということは、先駆者の面目躍如たるものがある」と高く評価した。しかし、文革終結後の1978年になって、(1)えこひいきがなく誰が見ても公平であることと、(2)人間が能力において平等でないからその能力差

の重要性をハッキリ認めることという2つの条件がともに満たされなかったことが文革期の改革の致命的な弱点であったと述べている（ドーア、R.P.（松居弘道訳）『学歴社会　新しい文明病』（同時代ライブラリー）岩波書店、1990年、xii–xiii頁）。

26　鄧小平「尊重知識,尊重人才」楊学為編『高考文献　下（1977－1999）』高等教育出版社、2003年、1頁。

27　李琦「在一九七七年全国高等学校招生工作座談会開幕時的講話（節録）」楊編、同上書、8頁。

28　同条例は、大塚豊『中国高等教育関係法規（解説と正文）』（高等教育研究叢書8）広島大学大学教育研究センター、1991年、76–86頁に訳出されている。

29　「2014年普通高等学校招生工作規定」(http://gaokao.eol.cn/kuai_xun_3075/20140328/t20140328_1091870.shtml、2014年7月6日最終確認）。

30　中国では2001年に、受験資格としてそれまであった「未婚で基本的に25歳以下の者」という条件が取り消され、従来婚姻や年齢の点で基本的には大学に入学することができなかった者にも大学進学の道が開かれた。

31　入試をめぐる「移民」については、大塚、前掲書、2007年、158頁なども参照のこと。

32　外国語は、英語、ロシア語、日本語、フランス語、ドイツ語、スペイン語の6つから1つ選ぶことになっている。

33　2004年の試験では、遼寧省で「文理総合」科目が設けられていた（南部広孝「新入生募集制度改革」黄福涛編『1990年代以降の中国高等教育の改革と課題』（高等教育研究叢書81）広島大学高等教育研究開発センター、2005年、92頁）。ただし現在は同省でも、表1-3にあるように、文科総合と理科総合に分けられている。

34　浙江省教育庁のサイト（http://gk.zjedu.gov.cn/news/137077347003389999.html）には2013年の試験問題が公表されている（2015年11月1日最終確認）。

35　南部、前掲論文、2005年、91–93頁。

36　実際には、類似の点数を指す言葉としてこれ以外のものが使われることもある。

37　2015年から加算点の見直しが行われている。すなわち、進学に有利になるよう加点になる事項を過度に重視する者がいることが問題だと考えられ、科学オリンピックの全国大会上位入賞者や思想政治品徳で傑出した事項を有する者に対する加算点が廃止されることになった（「教育部　国家民委　公安部　体育総局　中国科協関於進一歩減少和規範高考加分項目和分値的意見」（2014年12月10日）『国務院公報』2015年第10号（第1513号）、2015年）。

38　本文でも述べているように、一方では高等教育機関に入学するルートにはこの試験を経る必要がないものがあり、他方で軍事高等教育機関本科課程・専科課程の入学者はこの試験の参加者から選ばれていることから、この試験の志願者数と普通高等教育本科課程・専科課程の入学者数とを単純に比較することは必ずしも適切ではない。ただし、普通高等教育を受ける学生の大多数はこの試験を経て入

学に至っているので、概数としてとらえることはできよう。

39　2002年の入学者数は教育部発展規劃司編『中国教育統計年鑑　2002』人民教育出版社、2003年、24頁、同年の全国統一大学入学試験の志願者数は教育部発展規劃司編『中国教育統計年鑑　2003』人民教育出版社、2004年、654頁。なお、2002年の全国統一大学入学試験の志願者数は『中国教育統計年鑑　2002』406–410頁にも統計が掲載されているが、『中国教育統計年鑑　2003』では同じ統計が2003年のものとして載せられ、2002年の統計が別に掲載されている。ここでは最後に示した『中国教育統計年鑑　2003』所収の2002年のデータを用いている。

40　2013年の志願者数は「図解2014年全国高考報名人数」(http://www.eol.cn/html/g/tsgkrs/index.shtml、2014年7月10日最終確認)、同年における普通高等教育の入学者数は前掲『中国教育統計年鑑　2013』、32–33頁。

41　南部、前掲論文、2006年、177–178頁。

42　「関於做好2014年普通高等学校招収保送生工作的通知」(http://gaokao.chsi.com.cn/gkxx/bss/201401/20140122/739531051.html、2014年7月1日最終確認)。

43　所在省のみで自主学生募集を行う大学は、情報源によって一致しておらず、その全体像を確定させることができない。例えば、「2014年具有自主選抜録取試点資格的高校名単及招生簡章」(http://gaokao.chsi.com.cn/z/tszs/zzxb.jsp、2014年7月1日最終確認)では13大学が挙げられているのに対して、「2014年全国自主招生高校名単及自主招生簡章」(http://gaokao.eol.cn/zizhu_3200/、2014年7月2日最終確認)では10大学が該当している。

44　南部広孝・楠山研『中国の大学入学者選抜における「自主招生」の現状（資料集）』(平成19年度～平成21年度科学研究費補助金（基盤研究（C）、課題番号19530757）　平成19年度中間報告書　研究代表者：南部広孝）長崎大学アドミッションセンター、2008年には、2007年時点で自主学生募集を行っていた59大学の募集要項が訳出されている。

45　以下3つの共通学力試験については、南部広孝・渡辺雅幸「インドと中国における大学入学者選抜制度 ― 現状と改革動向の比較的分析」『京都大学大学院教育学研究科紀要』第58号、京都大学大学院教育学研究科、2012年、35頁を参照のこと。

46　この13大学の連合では2012年に復旦大学と南開大学が離脱し、11大学による連合となった。

47　「教育部就進一歩完善和規範高校自主招生工作答記者問」(2014年12月17日)(http://gaokao.chsi.com.cn/gkxx/zc/moe/201412/20141217/1416019826.html、2015年5月1日最終確認)。

48　同上。

49　同上。

50　以上の記述は、「北京大学2015年高水平運動員招生簡章」(2015年1月1日)(http://www.gotopku.cn/index/detail/580.html、2015年8月14日最終確認)による。

51 「関於高等学校招収研究生的意見」何東昌主編『中華人民共和国重要教育文献(1949年〜1997年)』(1976〜1990年巻) 海南出版社、1998年、1581–1582頁。
52 同上。
53 以上の記述は、シデル、マーク（大塚豊訳）「中国の大学院教育：新しい歩み、新しい挑戦」馬越徹編『アジアの高等教育』（大学研究ノート第69号）広島大学大学教育研究センター、1987年、36–46頁による。
54 以下の記述は、「関於招収攻読博士学位研究生的暫行規定」教育部研究室編『中華人民共和国現行高等教育法規匯編』（上巻）人民教育出版社、1999年、552–553頁による。
55 以上の記述は、教育部高校学生司編『1977〜2003年 全国研究生招生工作文献選編』（上）（下）北京航空航天大学出版社、2004年所収の政府文書による。
56 「2014年全国碩士学位研究生招生工作管理規定」(http://yz.chsi.com.cn/kyzx/zcdh/201309/20130911/508144605.htmlより、2014年7月1日最終確認)。
57 2013年の規定では、「年齢は一般に満40歳を超えないこと」という条件があった。
58 北京師範大学「2014年全国統考学術型碩士生招生簡章」(http://graduate.bnu.edu.cn/ReadNews.aspx?NewsId=130902064639、2015年5月1日最終確認)。
59 張亜群等『中国研究生招生考試改革研究』広東高等教育出版社、2013年、43–46頁。

「学子宴」（大学合格者を祝う宴会）が開かれる会場。合格者の名前が大きく掲げられている。(斉斉哈爾市、2015年8月、筆者撮影)

第2章　台湾における大学及び大学院の入学者選抜

1．歴史的・社会的背景と教育政策の変遷

　台湾は、第二次世界大戦終結後、1945年10月に中華民国への編入が宣言された。それから国民党による接収が進められたが、土着の台湾人が排除されたことから、その過程で国民党及び同党とともに台湾にやって来たいわゆる「外省人」と従来から台湾に居住する「本省人」との間に対立が生じ、1947年には二二八事件が起き、1949年5月には戒厳令が施行された。同年12月には中華民国中央政府が台北を臨時首都と定め、国民党中央党部も台北へ移転された。

　1950年以降は、不安定な国内・国際環境の中で、アメリカの強力な影響を背景に、蒋介石総統（当時）の強力なリーダーシップをもとにしつつ、厳しい治安態勢を伴った「党が国家機構に並行しかつこれを指導し、同時に社会を全面的にコントロールしようとする」[1]体制が敷かれた。同時に、中国正統国家であるとの認識から「中国化」が進められた。経済面では、農地改革を通じて農業が発展するとともに、工業は輸入代替型から輸出促進型へと転換が図られ、大きな経済成長を達成した。1980年代には韓国、香港、シンガポールとともに「四小龍」(Four Little Dragon) と呼ばれるに至った。

　1970年代には、いわゆる米中接近、国際連合代表権の喪失をはじめ、国際環境に大きな変化が生じ、それとともに国内では政治改革の機運が高まった。それが実現されるのは1980年代後半で、民進党の結党（1986年）、戒厳令の解除（1987年）、「報禁」（新規新聞発行禁止）の解除（1988年）などが進み、民主化が進められた。1996年には初めての総統直接選挙が実施され、2000

年には民進党の公認候補であった陳水扁が総統に当選して政権交代が実現している。同時にこの間、「台湾化」が進められた。それまで中国正統国家として運営されてきた国家体制は台湾の現実に沿うものへと改革され、台湾ナショナリズムの高まりは旧来の中国ナショナリズムと対抗するようになっている。また、台湾社会の文化的多元性を認めることで、国家統合の理念も国民党が従来推し進めてきた中国ナショナリズムから多文化主義的なものへと変化した。そして、中華人民共和国（以下、中国と略）が台頭する中で、一方では中国との関係を深めつつ、他方では台湾としての実体を強化する動きが見られる[2]。この間、経済では、中国への依存が強まると同時に、それに対する危機感から、アジアのハブ化や国内産業の高度化、公営企業の民営化に向けた改革が進められてきた[3]。そこには国際化、グローバル化の進展を背景として知識基盤社会への移行を図るという意図も含まれている。2002年には、中国と同時に世界貿易機関（WTO）に加盟している。

　このような流れの中で教育は、国家統合と経済発展の促進を目的として重視されてきた。「中国化」が進められた時期には、国語（中国共通語、原語は「国文」）教育が強化され、「党化教育」が推し進められた[4]。「党化教育」とは、「国民党の指導のもと、教育を革命化、民衆化させる」ことを指し、教育方針は国民党の基本政策を基礎としつつ、「三民主義」などを含むとされた。そしてそれは、各段階の学校に設置された国民党校党部などの組織を通じて教育課程や活動に深い影響を与えた[5]。あわせて、義務教育年限の延長を含む教育の普及が図られるとともに、教育への投資を増加させ、経済発展計画と教育発展計画を結びつけ、職業技術教育を拡大し、専門的な人材の育成に重きが置かれた[6]。

　1980年代に入り、政治的な自由、言論の自由が認められ、民主的な体制への移行が始まると、社会の多元性への配慮、知識経済への挑戦、従来の教育体系が抱えてきた課題の解決、生涯教育理念の導入などを背景としつつ、大規模な教育改革が進められた[7]。1994年には、4月に、教育基本法の制定、少人数クラスの実現、高級中学（日本の高等学校に相当）や大学の増設、教育の現代化の推進などを掲げて「四一〇教改行動連盟」による街頭デモが起き、

6月にはそれへの対応として第7次全国教育会議が開催された。その後、同年9月には教育改革審議委員会が設置された。この委員会は、教育改革案の策定や教育発展計画の審議、国の重要な教育政策に対する提案などが任務とされた。この委員会は、4次にわたる報告書を公表した後、最終的に、1996年12月に「教育改革総諮議報告書」を行政院に提出した。この報告書では、大幅な教育普及を達成したことが謳われる一方で、現状の問題として8つの点が指摘された。そして、(1) 教育に対する不当な管理・統制の解除、すなわち教育の規制緩和、(2) 適性や適切な能力を発達させる教育の実施、(3) 新たな試みの導入を通じた入学制度・ルートの見直し、(4) 教育の質のいっそうの向上、(5) 生涯学習社会の構築の5点が提案された。これらの提案は、教育行政、幼児教育から高等教育までの各教育段階、さらには教育に関する社会通念などの全面的な見直しを含むものであった[8]。

またこの間、1995年には教育部により『中華民国教育報告書―― 邁向二十一世紀的教育遠景』が出されている。この報告書では、進学圧力の緩和と教育の自由化を軸に、弾力的な学制の構築、教育の機会均等のさらなる推進、教育課程の刷新、多元的な教員養成の展開、大学の運営自主権の拡大、生涯教育体制の完成など10項目の目標が示された[9]。

その後、全国教育改革検討会議 (1999年)、教育改革検討・改善会議 (2001年)、全国教育発展会議 (2003年) などが開催されて、教育の発展や改革が図られ、2010年には第8次全国教育会議が開催された。そして、その会議の結論と提案事項をもとに、2011年に『中華民国教育報告書 黄金十年、百年樹人』が公表された。この報告書では、12年国民基本教育と幼保一元化の推進、教員養成の精緻化、高等教育の転換と発展の促進、知識経済人材の養成と教育産業の革新、多元的な現代公民リテラシー (原語は「公民素養」) の発達、多文化や社会弱者の権益の尊重、国際交流の促進、生涯学習社会の深化などが示された[10]。

このように、台湾では義務教育の整備などを通じて教育の普及が図られ、1980年代後半以降の社会変容の中で、新たな社会にふさわしい教育のあり方が模索され、質の向上がめざされてきている。

2．高等教育制度の概要

　台湾では、高等教育機関は大学及び学院と専科学校の2つに大きく分けられる。大学及び学院は、「大学法」によれば、「学術の研究、人材の育成、文化の向上、社会への服務、国家発展の促進を宗旨」としており（第1条）、後期中等教育に位置づけられる高級中学及び高級職業学校の卒業者を受け入れる。学士課程として本科課程を設置する。その修業年限は基本的には4年だが、一部の機関の法律系や建築系は5年、歯学系は6年、医学系は7年である。また、1980年代後半以降専科学校を昇格させる形で設立された科技大学、技術学院は主として高等職業教育を行う機関であり、4年制の課程と2年制の課程とがある。4年制の課程は主として高級職業学校の卒業者を受け入れ、定員外で高級中学の卒業者も入学させている。2年制の課程は、専科学校卒業者を受け入れる、つまり大学の3年次、4年次に相当する課程である。専科学校は「応用的な科学・技術を教授し実用的な専門人材を養成することを宗旨」としており（「専科学校法」第1条）、専科課程が設置されている。2年制専科学校と5年制専科学校があり、2年制専科学校は、関連分野の高級職業学校卒業者もしくは当該分野での労働経験を有する高級中学または高級職業学校の卒業者を入学させる。5年制専科学校は、日本の高等専門学校と同様、前期中等教育にあたる国民中学の卒業者を受け入れ、修業年限は5年である。大学院課程は大学及び学院に設置され、大きく碩士課程（日本の修士課程に相当）と博士課程に分けられる。碩士課程は修業年限が1〜4年、博士課程は2〜7年である。

　設置形態別では大きく国公立と私立に分けられる。このうち私立の比率が高いのは日本と同様で、2013年時点で、本科課程で72.8％、専科課程で88.8％の学生が私立の高等教育機関に在籍していた。一方、大学院課程になると私立の比率は低く、碩士課程で33.8％、博士課程で19.4％となっている[11]。なお、台湾で公立の機関は非常に限定的で、2013年時点で161校の高等教育機関のうち公立（直轄市立）の機関はわずか1校のみである。

　また、提供する教育の内容によって大きく普通高等教育系統、高等職業教

淡江大学（新北市、2005年2月、筆者撮影）

育系統、師範系高等教育系統に分けられている。従来これらの教育はそれぞれ対応する機関によって担われていたが、1970年代に科技大学や技術学院の設置が認められるようになったり、1990年以降教員養成が開放制へと転換されたりしたことで、系統間の境界はあいまいになっている[12]。ただし、この分類自体は依然として用いられている。2012年時点の高等教育機関162校についてみると、普通高等教育系統が63校（総合大学57校、独立学院3校、体育系3校）、高等職業

表2-1　高等教育機関数及び学生数の変遷

	年度	1961	1971	1981	1991	2001	2013
機関数（校）	大　学	16 (9)	23 (12)	27 (13)	50 (22)	135 (85)	147 (97)
	専科学校	14 (6)	73 (53)	77 (56)	73 (60)	19 (16)	14 (12)
	合　計	30 (15)	96 (65)	104 (69)	123 (82)	154 (101)	161 (109)
学生数（人）	本科課程	29,524	100,455	158,181	253,462	677,171	1,035,534
	専科課程	8,366	119,146	192,901	332,127	406,841	101,659
	合　計	37,890	219,601	351,082	585,589	1,084,012	1,137,193
「粗在学率」(%)		-	-	16.71	32.37	62.96	83.88
大学院生数（人）		513 (501)	2,904 (2,697)	7,355 (6,555)	26,787 (21,306)	103,213 (87,251)	208,780 (177,305)

注：機関数には大専進修学校を含まず、学生数には専科課程と本科課程の学生を含み、大専進修学校及び空中大学（日本の放送大学に相当）の学生を含まない。機関数のうち（ ）内は私立機関数。大学院生数には、碩士課程、博士課程の学生数を含む。大学院生数の（ ）内は碩士課程の学生数。この表では大学または学院の名称を持つ、本科課程を設置する高等教育機関を「大学」としている。

出典：教育部統計処『中華民国教育統計　民国103年版』教育部、2014年、2–5頁、14–17頁、58、59頁より筆者作成。

教育系統が91校（科技大学53校、技術学院24校、専科学校14校）、師範系高等教育系統が8校（師範/教育大学8校）となっている[13]。

台湾では、半世紀余りで高等教育が大きく拡大した（**表2-1**）。機関数と学生数から見ると、1970年の前後と1990年代にとりわけ急速に拡大していることがわかる。1970年前後は専科学校の増加によって規模の拡大が進んだのに対し、1990年代は専科学校数が大きく減少して大学（大学、学院）が拡大の担い手となった。2000年代にはその傾向が続くとともに、本科課程の学生数が2倍近くになる一方、専科課程の学生数ははっきりと減少した。2013年には「粗在学率」が83.88％に達している。碩士課程と博士課程をあわせた大学院生数は、どの年代でも着実な伸びを示している。

3．高等教育改革の動向

台湾では、1980年代の民主化の潮流の中で、社会全体が大きく変容を始めた。そしてそれは、1990年代に入って以降、高等教育のありようにも影響を及ぼすようになった。

まず、高等教育機関の運営自主権の拡大が進められてきた。台湾の高等教育機関は従来、機関の新設そのものを含め教育部（中央教育行政部門）の強い統制下に置かれていたが、1994年の「大学法」改正により、政府との関係に変化が生じた。学生募集では、教育部の役割は、各大学の学生募集方法と定員の認可を除けば、法律に依拠して監督・指導を行うのみというしくみになるとともに、教育課程編成権は大学へ付与された。学長選考でも、大学が学長選考委員会で選出した者を教育部または地方政府が招聘・任命する方式がとられるようになり、教員資格の審査も、従来の政府による統一的な審査から一定の基準を満たした大学に対して当該大学の教員資格審査権を付与するやり方へ変更された[14]。学生の定員については、2002年に教育部が「大学における学系・研究所・クラスの増設、調整及び学生募集人数の総量発展方式の検査に関する作業要点」を公布したことで自由化が進んだ。すなわち、各機関は、医学分野や教員養成課程、博士課程を除いて、教育部が規定する

学生募集人数の範囲内において、教育組織を自由に設置し、その学生募集人数を決定することができるようになったのである[15]。なお、実現には至っていないものの、国立大学の法人化に向けた議論が続けられてきた。

また、一部大学への重点的財政支援としては、1999年に「大学学術卓越発展プロジェクト」が始まり、4年間で130億元（台湾ドル。以下同じ）を拠出して世界レベルの研究大学を育成することがめざされた。2005年から進められている「国際一流大学及び先端的研究センターに向けたプロジェクト」（原語は「発展国際一流大学及頂尖研究中心計劃」）は、台湾高等教育の国際競争力を高めることを目的とし、2005年からの5年間で500億元を投じて世界トップレベルの大学や先端的な研究センターを育成するとされ、具体的には国内外の傑出した人材の招聘、大学の創造・研究開発の強化、世界水準の研究・教学の追求とともに、優秀な人材の養成がめざされた。2011年から始まった第2期には、プロジェクトの名称が「先端的大学をめざすプロジェクト」（原語は「邁向頂尖大学計劃」）とされ、大学が国際化を加速させて学生の視野を広げ、優秀な人材の招聘と育成に力を入れ、産学連携を通じて国の競争力を高め、社会と産業界のニーズに対応して優秀な人材を育成することがめざされている[16]。教育活動に対しても、同じく2005年に「大学教学の卓越を奨励するプロジェクト」（原語は「奨励大学教学卓越計劃」）が始まっている。これは、教育の質の重視と各大学における教員の教育水準と学生の学習意欲の向上の促進を目的としている。2013年からは第3期に入っており、その1年目にあたる2013年には33校が補助を受けている[17]。

さらに、大学評価については、1975年から始まった学術評価をふまえて、1994年の「大学法」改正時に関連規定が盛り込まれ、自己評価と教育部による評価の実施が法的に規定された。1990年代には大学総合評価が試行され、2000年代に入ると自己評価が重視されるようになった。そうした取り組みの後、2005年に設立された高等教育評価センターによって、2006年から5年間で79校の高等教育機関で学系や研究所[18]の評価が行われた。この間、2007年には「大学評価規則」（原語は「大学評鑑弁法」）が制定され、学院・学系・研究所及び教育プログラム（原語は「学程」）の評価をはじめ、校務評価、

専門分野評価、プロジェクト評価などが行われることになった。2012年からは、第2期として、学生の学習成果の質保証を大きなテーマとする学系や研究所の評価が始められている。この評価においても、外部からの評価よりも大学の自主的な活動という側面が強調されている[19]。

　大学院教育に関しては、表2-1にあるとおり量的拡大が進み、上述した一部大学への重点的財政支援においてその充実が図られると同時に、生涯学習社会の構築がめざされる中でそれに対応した措置がとられている。後者については、1990年代末から、在職者を募集対象とし柔軟な形式で教育が提供される「在職クラス」（原語は「在職専班」）が碩士課程段階に設置されるようになっている[20]。このクラスは、入学者選抜や教育内容に関して学術的な課程（クラス）とは異なるものとされており、このクラスの設置が認められ量的に拡大することによって、台湾における大学院教育の多様化がもたらされた。また後述するように、通常の碩士課程でも在職生を対象とした入学者選抜ルートが用意されるようになっている。これに加えて、上述したように、本科課程（学士課程）、大学院課程をあわせた学生定員の管理権限が高等教育機関に委ねられたことにより、機関ごとに自らの発展戦略にしたがって学生定員を大学院課程により多く割り当てることも可能になっている。もっとも、拡大した大学院教育の質に対する懸念もあり、質の向上や評価の展開が課題となっている。

　このように、台湾では高等教育の量的拡大が急速に進むと同時に、社会の変容ともあいまってさまざまな権限が大学に委譲されてきた。それに加えて生涯学習社会への移行がめざされていることもあり、大学院教育には多様化の傾向が見られるのである。それでは、高等教育の「入り口」では、どのような選抜方法がとられているのだろうか。次の2つの節ではそれぞれ大学入学者選抜と大学院入学者選抜を検討する。次節の大学入学者選抜に関する検討では、大学教育を提供する多様な機関のうち、普通高等教育系統・師範系高等教育系統における入学者選抜に焦点を当てる。

4．大学入学者選抜制度

本節では、台湾の大学入学者選抜制度について検討する。

台湾では、大学ごとに入学者選抜を行う時期を経て、1954年から連合大学入学試験（原語は「聯考」）による連合募集（原語は「聯合招生」）が実施されるようになった。それ以降この試験では、参加する大学の増減が頻繁に行われる一方、受験科目の設定には大きな変化がなく、基本的には専門分野と受験科目によって募集単位が3つないし4つのグループに分けられ、それぞれ規定された科目が課されてきた。1984年には、大学の要求と学生の興味関心を結びつけることを意図して、学生が事前に公表された合格基準や傾斜配点を参考にしながら試験実施後に志望校を決めて出願し、その後統一的に合格者を決定する方式が導入された。同時に、各募集単位はそれまでよりも細かく10のグループに分けられた[21]。1990年代に入ると、連合募集方式の再検討が進められた。大きな転機は、1992年に大学入学試験センターから報告書『我国大学入学制度改革建議書 ── 大学多元入学方案』(以下、報告書と略)が出されたことである。この報告書では、従来の連合募集方式の長所と短所が整理された。長所としては、(1) 高等教育の発展をコントロールできること、(2) 国語、英語、数学といった基礎科目が重視され一定の水準が維持できること、(3) 公平性が維持できること、(4) 競争に打ち勝とうとする心理を適度に育成できること、(5) 学生の負担を減少させられること、(6) 大学が時間や経費を節約できること、(7) 大学が受け入れる学生の水準に大差がないことなどが示された。一方、短所としては、(1) 高級中学の教育目標が歪曲されること、

学習塾の広告 (台北市、2005年9月、筆者撮影)

(2) 大学の個性的で主体的な発展が抑制されること、(3) 学生の希望と実際の進路との間にミスマッチが起こりがちであること、(4) 教育内容が知識の記憶や解答技術の習得に偏り学生の総合的な資質の育成に不利であることなどが挙げられた[22]。

　このような認識をふまえ、とくに短所として挙げられた点を改善することを目的とした改革の1つとして、大学教育を受けるのに必要な能力を備えているかどうかを検査する学科能力テスト（原語は「学科能力測験」）が新たに導入された。そして2002年には「大学多元入学新方案」と呼ばれる選抜方法が導入され、連合大学入学試験が廃止されるとともに、大学入学試験センターが実施する2つの統一的な学力試験（学科能力テスト、指定科目試験）によって学生を選抜する方法（試験分配入学（原語は「考試分発入学」）制）が実施されるようになった。学科能力テストは高級中学2年次までの学習内容が出題範囲とされ、受験者はすべての科目（国語、英語、数学、社会、自然）を受験する。一方、指定科目試験は高級中学段階のすべての学習内容が出題範囲であり、受験者は、用意された9科目（国語、英語、数学甲、数学乙、歴史、地理、物理、化学、生物）の中から、志望する募集単位が求める科目を受験すればよい。なお、2009年度からは公民・社会が追加され、現在は10科目で行われている。2つの試験の組み合わせ方は、学科能力テストを課さない可能性も含めて、募集単位ごとに決められる[23]。

　1990年代に行われたもう1つの改革として、推薦入学（原語は「推薦甄選」）制度及び「申請入学」制度の導入がある。推薦入学は特別な才能を有する学生や学業成績が優秀な学生を学校が推薦し、選抜を通じて入学者を決定する方法であるのに対して、後者の「申請入学」は、学校の推薦を必要とせず、学生個人が学科能力テストの結果と高級中学の学業成績にもとづいて、志望する大学に入学を申請するという、いわば自己推薦型の選抜である。どちらの選抜方法でも、学科能力テストの成績とともに、各大学によって実施される選抜方法（口述試験・面接試験、提出資料の審査、個別の学科試験など）の成績が用いられる。これらの選抜の導入によって、学力試験のみに焦点を当てた受験教育を是正することや、学生が試験成績のみによってではなく自らの能

力・適性・興味などにもとづいて進学先を決めるようになることが期待された[24]。2004年になると、推薦入学と「申請入学」は選抜入学制（原語は「甄選入学制」）としてまとめられ、あわせて推薦入学が学校推薦、「申請入学」が「個人申請」と改められて、統一的に実施されることになった。これらの選抜方法でも、学科能力テストの使い方や各募集単位で実施される選抜方法の種類と比重などの点でかなりの多様性が認められる（後述）。ただし、こうした学校推薦、自己推薦型の選抜であっても学科能力テストという全国型の学力筆記試験を利用する制度設計になっている点は強調しておきたい。

これに加えて、2007年からは「繁星計画」が導入された。これは、各大学があらかじめ定めた学科能力テストの基準を満たしていることを前提として、高級中学在学時（1年次、2年次）の相対的順位の高い者から合格者とするという選抜方法である。これによって、有名大学の入学者が特定の高級中学に偏っている現状を改め、学生の出身に関して都市部と地方の格差を縮小させること、高級中学教育を正常なものにすること、限られた有名進学校への集中をなくすことができるようになり、それらを通じて高級中学が地域社会に根ざすものになることがめざされた。各大学での合格者の決定は、次のような手順になっている。まず、学科能力テストの成績に関してあらかじめ設定されている基準を満たしているかどうかが判定される。次に、それをクリアした者を対象に、高級中学1年次及び2年次の各学期学業成績の平均の校内順位の百分比が小さい者を優先的に合格とする。校内順位の百分比が同じだったときには、各大学は自ら設定した科目別の条件にしたがって、順位づけを行う。つまり基本的には、学科能力テストの成績があらかじめ設

国立中山大学 (高雄市、2007年3月、筆者撮影)

定された基準を超えていれば、高級中学在学時の相対的順位の高い者から合格者が決められるということである[25]。募集単位は専門分野によって3つの学群に分けられ、1つの高級中学から1大学の1つの学群に推薦できる人数は1人に限定されている。導入初年度の2007年度には12大学で約800人の定員で実施され、それ以降規模は徐々に拡大し、2010年度では33大学で約2,000人の募集が行われた[26]。

この「繁星計画」は2011年度から学校推薦とあわせて「繁星推薦」となり、この方式を採用する大学はいっそう増加した。2012年度には68大学が「繁星推薦」を採用した。「繁星推薦」方式では、各大学が高級中学1年次、2年次の平均学業成績に対する基準を設定するとともに、各募集単位が学科能力テストの成績に対する基準を設定する。例えば、2012年度の場合、国立台湾大学、国立成功大学、国立台湾師範大学などは在学時の成績が上位20%以内であることを条件にしているのに対して、大葉大学や中華大学、国立台湾体育学院などでは上位50%以内であればよいとされている。各大学の基準を整理すると、上位20%以内としている大学が15校あり、上位30%以内、40%以内、50%以内としている大学がそれぞれ20校、10校、23校となっていた[27]。各募集単位が学科能力テストの成績に対して設定した基準は非常に多様である。これらの基準を満たした学生は在籍する学校を通じて推薦を受け、各募集単位が定めた項目にしたがって順位づけがなされ、合格者が決定される。順位づけの項目のうち、最も重視されるのはどの募集単位でも在学時の成績（校内順位）であり、それ以外は学科能力テストの成績や在学時の各科目の成績が並べられている。

それでは、試験分配入学や選抜入学制において各大学・募集単位の選抜はどの程度多様なのかを確認しよう。

まず、試験分配入学において、実施間もない2004年度時点で、学科能力テストを利用しているかどうかをみると、1,460の募集単位のうちこのテストを利用するのは394となっていた[28]。すなわち、ほぼ4分の1の募集単位は学科能力テストと指定科目試験の成績の両方を合否決定に利用しているのに対して、4分の3にあたる募集単位では指定科目試験の成績のみが合否決定

の指標とされていた。それから、指定科目試験の試験科目がどのように定められていたのかを整理したのが**表2-2**である。特定のパターンに多くの募集単位が集中する一方で、それ以外のパターンも一定程度存在している。表には全部で23のパターンが含まれている。こうした試験科目の多様性に加えて、傾斜配点の設定も募集単位によって決めることが可能であり、全体として多様な状況があることが確認できる。

2012年度になると、1,691の募集単位のうち学科能力テストを利用するのは156となった[29]。その比率は9.2%であり、2004年度に比べて学科能力テストを利用する募集単位数が減少し、募集単位全体に占める比率も低下している。このことから、この間、試験分配入学が指定科目試験のみによる選抜と

表2-2 指定科目試験における試験科目の多様性（2004年度）

科目数	文系		理系	
	科目選択パターン	採用数	科目選択パターン	採用数
2科目	国・英	25	英・理1	1
3科目	英・数・社1	3	国・英・数	42
	国・英・数	213	国・英・理1	11
	国・英・社1	106	国・英・理1	7
	英・社2	4	英・数・理1	86
	国・社2	1	英・理2	27
			数・理2	11
4科目	国・英・数・社1	13	国・英・数・理1	22
	国・英・社2	26	国・英・理2	7
			英・数・理2	16
5科目	国・英・数・社2	407	国・英・数・理2	290
			国・英・理3	2
			英・数・理3	6
6科目	-		国・英・数・理3	134
合計		798		662

注1：「国」は国語、「英」は英語、「数」は数学（文系では数学乙、理系では数学甲）の各科目を表す。
注2：文系の「社1」、「社2」はそれぞれ、歴史、地理の中から1科目、2科目を課すことを示している。理系の「理1」、「理2」、「理3」はそれぞれ、物理、化学、生物の中から1科目、2科目、3科目を課すことを示している。
注3：科目数には技能試験を含めていない。
出典：南部広孝「台湾」石井光夫『東アジアにおける「入試の個性化」を目指した大学入試改革の比較研究』(平成18年度文部科学省先導的大学改革推進委託事業「受験生の思考力，表現力等の判定やアドミッションポリシーを踏まえた入試の個性化に関する調査研究」報告書第2分冊　研究代表者:石井光夫) 東北大学、2007年、163頁の表13を一部改変。

いう性格を強めてきたと言える。指定科目試験で課される科目では (表2-3)、特定のパターンに集中するとともに多様なパターンが採用されている点は変わらない。むしろ、社会が1科目増えたこともあって、文系でパターンがより多様化している。また、全体として科目数が増加する傾向が見てとれる。5科目または6科目を課す募集単位の比率は、文系では2004年度の51.0%から2012年度の60.7%へ、理系では2004年度の65.3%から2012年度の75.0%へとそれぞれ高まっている。

次に、選抜入学制の状況について検討する。2004年度の時点では、学校

表2-3 指定科目試験における試験科目の多様性（2012年度）

科目数	文系		理系	
	科目選択パターン	採用数	科目選択パターン	採用数
2科目	国・英	29		
	国・社1	1		
3科目	国・英・数	164	国・英・数	44
	国・英・社	52	国・英・理1	10
	国・社2	5	国・数・理1	8
	英・社2	1	英・数・理1	11
			英・理2	1
			数・理2	2
4科目	国・英・数・社1	41	国・英・数・理1	78
	国・英・社2	78	国・英・理2	17
	国・数・社2	2	英・数・理2	12
	国・社3	1	英・理3	1
			数・理3	1
5科目	国・英・数・社2	489	国・英・数・理2	450
	国・英・社3	68	国・英・理3	6
			国・数・理3	1
			英・数・理3	8
6科目	国・英・数・社3	20	国・英・数・理3	90
合計		951		740

注1：「国」は国語、「英」は英語、「数」は数学（文系では数学乙、理系では数学甲）の各科目を表す。
注2：文系の「社1」「社2」「社3」はそれぞれ、歴史、地理、公民・社会の中から1科目、2科目、3科目を課すことを示している。理系の「理1」「理2」「理3」はそれぞれ、物理、化学、生物の中から1科目、2科目、3科目を課すことを示している。
注3：科目数には技能試験を含めていない。
出典：『101学年度大学考試入学分発招生簡章』大学招生委員会聯合会・大学考試分発委員会編印、2011年に掲載されている各募集単位の試験科目に関する情報を整理して筆者作成。

推薦または「個人申請」を採用していたのは募集単位全体の約85%であり、約4割の募集単位は学校推薦と「個人申請」の両方を取り入れていた[30]。選抜入学制では、第1段階として学科能力テストの成績による篩い分けが行われ、その合格者に対して各募集単位による第2段階の選抜が課される。学科能力テストによる篩い分けでは考慮できる項目がかなり多く、したがって篩い分けの方法は募集単位によって非常に多様である。第2段階の選抜で用いられる方法も多様で、口述試験・面接試験、小論文・作文、学科試験、常識や論理的思考力を問う各種の筆記試験(以下、その他の筆記試験)、音楽や美術、体育の技能試験、提出資料の審査などがあり、これらと学科能力テストの成績を用いて選抜が行われる。2004年の「個人申請」において、それぞれの選抜方法を用いている募集単位が募集単位全体に占める比率を求めると、最も高いのは学科能力テストの成績(96.7%)で、口述試験・面接試験(79.9%)、提出資料の審査(79.4%)、学科試験(18.3%)、技能試験(9.8%)、その他の筆記試験(5.4%)と続き、小論文・作文(3.8%)が最も低い比率となっていた。また同年の学校推薦においては、利用する募集単位の比率が最も高いのは学科能力テストの成績(98.8%)で、口述試験・面接試験(85.4%)、提出資料の審査(62.9%)、学科試験(19.7%)、小論文・作文(9.7%)、技能試験(8.0%)と続き、その他の筆記試験(6.9%)が最も低い比率となっていた[31]。どちらの選抜でも、最も多い組み合わせパターンは、学科能力テストと口述試験・面接試験、提出資料の審査を組み合わせた方法である。各募集単位の選抜で、3つの方法それぞれにどの程度の比率が与えられているのかを整理したのが**表2-4**である。学科能力テストの成績、口述試験・面接試験、提出資料の審査のそれぞれについて、33%を超える比率が割り当てられていれば「+」、そうでなければ「−」を与えてパターンを作成している。「個人申請」と学校推薦のいずれにおいても、学科能力テストの成績をかなり重視するⅢ型(「+−−」)が多い一方で、考えられる6つのパターンがすべて現れており、多様な組み合わせが見られることがわかる。

次に2012年度の状況を確認する。繁星推薦では第2段階の選抜が行われないが、「個人申請」では、第1段階として学科能力テストの成績による篩い分

第2章　台湾における大学及び大学院の入学者選抜　71

けが行われ、その合格者に対して各募集単位による第2段階の選抜が課される。具体的な例として、国立政治大学会計学系における「個人申請」の選抜方法を見てみよう（**表2-5**）。すでに述べたように、学科能力テストは5科目すべてを受験するが、第1段階の篩い分けでは、そのうち国語、英語、数学、社会の各科目が「均標」、すなわちおおよそ受験者全体の平均以上の成績で

表2-4　配点比率のパターン（2004年度）

パターン		「個人申請」		学校推薦	
Ⅰ型	＋＋－	94	(20.6%)	94	(23.9%)
Ⅱ型	＋－＋	7	(1.6%)	5	(1.3%)
Ⅲ型	＋－－	275	(60.3%)	249	(63.2%)
Ⅳ型	－＋＋	10	(2.2%)	3	(0.8%)
Ⅴ型	－＋－	58	(12.7%)	41	(10.4%)
Ⅵ型	－－＋	12	(2.6%)	2	(0.5%)

注：パターンは、学科能力テストの成績、口述試験・面接試験、提出資料の審査の順で33％を超える比率が割り当てられていれば「＋」、そうでなければ「－」を与えている。
出典：南部広孝「台湾」石井光夫『東アジアにおける「入試の個性化」を目指した大学入試改革の比較研究』（平成18年度文部科学省先導的大学改革推進委託事業「受験生の思考力、表現力等の判定やアドミッションポリシーを踏まえた入試の個性化に関する調査研究」報告書第2分冊　研究代表者：石井光夫）東北大学、2007年、167頁の表16、170頁の表19より作成。

表2-5　国立政治大学会計学系における「個人申請」の選抜方法（2012年度）

学科能力テストによる篩い分け方式（第1段階）			選抜入学制総合成績算出方式及び総合成績に占める比率（第2段階）				
科目	検定	篩い分けの倍率	学科能力テスト成績の算出方法	総合成績に占める比率	指定項目	検定	総合成績に占める比率
国語	均標	2	*1.00	40%	面接試験	－	50%
英語	均標	3	*1.00		提出資料の審査	－	10%
数学	均標	－	*1.00				
社会	均標	－	*1.00				
自然	－	－	*1.00				
総合点	－	10	－				
審査資料	項目：(1) 在校成績証明・各学年成績表、(2) 自伝、(3) 学習計画、(4) 小論文、(5) その他審査の助けとなる資料。 説明：(1) 小論文のテーマは「私が会計系を選択した動機と期待」で、500字以内とする。(2) 略						

出典：『101學年度大學甄選入學「個人申請」招生簡章彙編』大学招生委員会聯合会・大学甄選入学委員会編印、2011年、89頁より一部抜粋して筆者作成。

あること[32]、また国語、英語、そして総合点の成績がそれぞれ、上位から募集定員（36人）の2倍、3倍、10倍以内にあることが条件とされている。最も絞り込まれるのは国語の成績が上位から募集定員の2倍以内であるという条件で、この条件によって第2段階に進めるのは募集定員の2倍（72人）までとなる。そのようにして第1段階で合格となった受験者に対して、第2段階として面接試験と提出資料の審査が行われ、学科能力テストと面接試験、提出資料の審査が40:50:10の比率で加算されて総合成績が算出される。同じ募集単位の2004年度の選抜方法[33]と比べると、第1段階における篩い分けの方法や第2段階での指定項目に変化が見られる。

　第1段階の篩い分け方式も、学科能力テストの第2段階の選抜で用いられる方法も募集単位によって多様である。そのうち後者について、「個人申請」においてそれぞれの選抜方法を用いている募集単位が募集単位全体に占める比率を求めると、最も高いのは学科能力テストの成績（96.7%）で、提出資料の審査（80.9%）、口述試験・面接試験（80.8%）、技能試験（7.9%）、学科試験（6.2%）、その他の筆記試験（3.0%）と続き、小論文・作文（2.3%）が最も低い比率となっていた[34]。最も多い組み合わせパターンはやはり、学科能力テストと口述試験・面接試験、提出資料の審査を組み合わせた方法だった。3つの方法それぞれにどの程度の比率が与えられているのかを整理したのが**表2-6**である。表2-4と同じように、学科能力テストの成績、口述試験・面接試験、提出資料の審査のそれぞれについて、33%を超える比率が割り当てら

表2-6　配点比率のパターン（2012年）

パターン		「個人申請」	
Ⅰ型	＋＋−	317	(32.3%)
Ⅱ型	＋−＋	4	(0.4%)
Ⅲ型	＋−−	477	(48.7%)
Ⅳ型	−＋＋	51	(5.2%)
Ⅴ型	−＋−	123	(12.6%)
Ⅵ型	−−＋	8	(0.8%)

注：パターンは、表2-4と同じ。
出典：『101學年度大學甄選入學「個人申請」招生簡章彙編』大學招生委員會聯合會・大學甄選入學委員會編印、2011年に掲載されている各募集単位の情報を整理して筆者作成。

れていれば「＋」、そうでなければ「－」を与えてパターンを作成している。学科能力テストの成績を重視するⅢ型（「＋－－」）が相変わらず最も多く、このパターンをとる募集単位の絶対数は増えているものの、これら3つの方法で選抜を行っている募集単位の中での比率は低下している。逆に比率が高まっているのはⅠ型（「＋－－」）である。Ⅳ型でも増加が見られることとあわせて考えると、全体的に口述試験・面接試験の比重が高まっていると言える。また、考えられる6つのパターンがすべて現れていることは2004年度と同様で、依然として多様な組み合わせが存在していることがわかる。

　このように、1990年代に始まった入学者選抜方法の多様化に向けた改革は、全体として見れば、大学と学生の希望がより正確に反映されることがめざされ、複数の選抜方法が取り入れられると同時に、選抜における評価指標も多様化してきている。

　現行入学者選抜の実施状況として、**表2-7**を見ると、全体的に合格率が高

表2-7　入学ルート別実施状況（2001年、2005年、2009年、2013年）

		総人数	申請入学	推薦入学	他ルート	大学連合
2001	志願者数（人）	152,834		71,845		126,233
	合格者数（人）	95,590		7,715		77,450
	合格率（%）	62.54		10.74		61.35
		総人数	個人申請	学校推薦	他ルート	試験分配
2005	志願者数（人）	167,849	83,320	71,730	－	99,900
	合格者数（人）	112,277	12,159	7,045	4,082	88,991
	合格率（%）	66.89	14.59	9.82		89.08
		総人数	個人申請	学校推薦	他ルート	試験分配
2009	志願者数（人）	147,502	73,092	83,786	－	78,687
	合格者数（人）	111,339	19,161	8,883	6,861	76,434
	合格率（%）	75.48	26.21	10.60	－	97.14
		総人数	個人申請	繁星推薦	他ルート	試験分配
2013	志願者数（人）	150,032	95,722	21,892		58,592
	合格者数（人）	113,613	43,186	9,670	5,450	55,307
	合格率（%）	75.73	45.12	44.17		94.39

注：2001年は各項目の合計と総人数が一致しないが、原典のとおり作成している。
出典：教育部統計処『中華民国教育統計　民国103年版』教育部、2014年、41–47頁より筆者作成。

まっていることが見てとれる。入学ルートに着目すれば、試験分配入学（大学連合試験）による合格者が全体に占める比率が低下し、それにかわってとくに「個人申請」の比率が高まっている。すなわち、試験分配入学（大学連合試験）の合格者が合格者総数に占める比率は2001年には81.0%だったが、2013年には半数を下回り、48.7%になっている。これに対して「個人申請」の合格者が合格者総数に占める比率は、2005年には10.8%だったが、2013年には38.0%となっている。このことは、学力筆記試験のみによらない、多様な選抜方法を用いたルートが広がっていることを示している。また、試験分配入学によるルートでは合格率が95%にまで達しており、このルートでは大学や募集単位を選ばなければほとんどの受験者がどこかに入学できることになる。他方で、学校推薦や「繁星推薦」のルートは、とくに学校推薦と「繁星計画」があわさって「繁星推薦」となったことにより、志願者が減少するかわりに合格率が上がっている。

　このように、大学入学者選抜は1990年代に大きな改革が行われて全国型の学力筆記試験のみによらない、しかも各大学の自主性をいっそう発揮できるような選抜方法が導入され、その後も継続的に実施方法の改革が進められている。2007年には「繁星計画」という新たな選抜方法が行われるようになった。また、全国型の学力筆記試験が2000年代に入って改革され、従来の一度きりの試験から、段階性を備えた2つの試験へと移行した。そして、こうした入学者選抜の実施にあたっては、各大学を会員とする大学学生募集委員会聯合会が組織され、この組織が大きな枠組みを設定しているが、その枠内では大学・学系の自主性を尊重することになっており、各大学は自らふさわしいと考える具体的な選抜方法をとることが可能である。ただし、教育部も法規の策定などを通じて比較的強く関与する体制になっている。

5．大学院入学者選抜制度

　それでは次に、大学院入学者選抜について検討しよう。
　台湾の碩士課程入学者選抜は従来、各大学が自ら実施する筆記試験によっ

て行われてきた[35]。それが変化したのは1990年代で、選抜審査試験（原語は「甄試」、後述）による新入生募集が始まるとともに、従来の選抜ルートでも一部の大学で面接試験が導入されるようになった[36]。こうした選抜の実施は、教育部が制定する法規に依拠している。本節ではまず、2010年に制定された「大学新入生募集手続き規定の審査作業に関する要点」（原語は「大学辦理招生規定審核作業要点」、以下、「要点」と略）[37]を手がかりとして碩士課程段階の入学者選抜制度全体を概観し、それから選抜方法の状況を具体的に取り上げて見てみることにしたい。

1　全体的な制度設計

　ここで手がかりとする「要点」が公布されたとき、それまで適用されていた「大学碩士班、博士班の新入生募集手続きの審査作業に関する要点」（原語「大学辦理碩士班博士班招生審核作業要点」、2001年制定）は廃止された。新たな法規は、大学院教育段階のみならず、大学教育段階（本科課程）も含めた、大学の新入生募集に関する包括的なものとなっている。
　まず確認しておく必要があるのは、入学者の募集を行う主体は各大学であるという点である。「要点」が制定された目的は、各大学が「新入生募集事務を行うのを助ける」とともに、各大学が定めた「新入生募集規定を審査する」こととされている。そして、この「要点」が依拠する「大学法」第24条には、次のように規定されている。

> 第24条　大学の新入生募集は、公平、公正、公開の原則に基づき、単独又は他校と連合して実施しなければならない。新入生募集（試験を含む）の形式、定員、受験者の身分認定、利益回避、成績の再審査、受験者の申し立て処理手順及びその他遵守すべき事項に関する規定は、大学が立案し、教育部に報告して審査・認可された後実施する。[38]

　この規定からも、入学者の募集は大学が行うべき活動であり、その具体的

な方法等についても大学が定めることになっていることがわかるだろう。ただし教育部による認可が必要とされている。そのうえで「要点」では、各大学は新入生募集委員会を組織し、新入生募集要項を策定するとともに、新入生募集業務を公平、公正、公開の原則で実施することとされている。

大学院の入学定員は、「機関の総量発展」、すなわちすでに述べたように、教育部が各教育段階の定員を個別に認可・措置するのではなく、一定の条件のもとで受け入れられる学生規模のみが定められ、教育段階ごとの定員は各大学がその範囲内で決定できるしくみになっている。大学院課程では、一般生と在職生がともに含まれる。

選抜方法としては、一般的なルートと、選抜審査試験による選抜が認められている。これらの選抜は、「筆記試験、面接試験、書面審査、技能試験又は実技などの方式をとって行うことができる」とされている。一般のルートは第2学期に選抜を実施して6月30日までに合格発表を行い、選抜審査試験はその前の第1学期に選抜を実施することになっている[39]。具体的な選抜の手順に関して注意しておきたいのは、各大学が、各種別の選抜において合格者発表前に最低受け入れ基準を定めなければならないとされている点である。このことは、合格者決定にあたっては、受験者の相対的な順位のみならず、入学にふさわしい基準に達しているかどうかも考慮されることを示している。

以上をまとめると、教育部が定めた全体的な枠組みの中で各大学が自らふさわしいと考える募集方法をとりうることがわかる。それでは、大学院の入学者選抜として、実際にはどのような選抜が行われているのだろうか。

2　選抜方法の全体的傾向

まず、全体的な傾向について検討することから始めよう。ここで取り上げるのは、2013年度の大学院入学者選抜に関して各大学から出された募集要項である[40]。対象としたのは68大学[41]で、多くの大学では一般的なルートと選抜審査試験による選抜それぞれで募集要項が作られている。学系・研究所や教育プログラムを単位として募集定員が設定されているが、学系や研究所、教育プログラムによってはさらに組や類に分けて選抜を行ったり、それをさ

らにA、Bなどと分けたりしていることもある。また逆に、少数ながら、学系や研究所をまとめて学院で募集している例もある。ここでは、募集定員が設定されている単位を募集単位とする。同一の学系・研究所が一般ルートと選抜審査試験とで異なる募集単位を設定していることもあるため[42]、一般ルートと選抜審査試験では募集単位の数は異なっている。なお、募集する学生種別には一般生と在職生があるが、ここでは一般生を対象とした選抜方法のみを取り上げる。

　具体的な分析に入る前に指摘しておきたいことがある。それは、大学院の新入生募集における規定の中で台湾に特徴的だと思われる、出願資格の設定が見られる点である。出願資格は基本的には、他の国と同様、学士課程の修了（見込みを含む）とそれと同様の学力を有すると認められた者などとなっている。しかし、募集単位によってはこれに追加的な条件を加えているところがある。そうした条件の1つは、選抜審査試験で多く設定されているが、大学在学時の成績が所属クラス内で一定以上の水準にあることを求めるものである。例えば、国立台湾大学の社会工作学系における選抜審査試験では、出願資格が大学在学時の総合成績がクラス全体の上位30％以内にある者に限るとされているし、国立清華大学統計学研究所の選抜審査試験では、大学の2年次以上のある学期に成績がクラス全体の上位20％以内にあることが出願条件となっている。また、別の条件として、大学時に学んだ専門分野の指定がある。これには大学院段階の当該分野と類似の専門分野が指定されている場合と、そうした分野以外の出身者に出願を限定する場合とがあり、これらは一般ルートでも選抜審査試験でも見られる。後者の別分野を指定する場合では、例えば、国立台湾大学の大気科学系の一般ルートは募集単位を甲組と乙組に分けているが、乙組については「大気科学、気象及び大気物理系の卒業者で学士学位を有する者は甲組に出願し、本組に出願してはならない」とされている。また国立政治大学の企業管理研究所（MBA学位プログラム）の一般ルートも同様に募集単位が甲組と乙組に分かれており、乙組は「理、工、医、農等に関する学院と科・系に限る」との条件が付されている。ある学系や研究所ですべての入学者について別分野の学生を求めるというわけではな

いが、このように、定員を別に設定して異なる分野の出身者の入学も確保しようとするしくみは興味深い[43]。

　それでは、一般的なルートにおける選抜方法について検討しよう。68大学ではあわせて2,711の募集単位があったが、そのうちの1つは配点比率を読み取ることができなかったことから分析から外すことにし、ここでは2,710の募集単位を対象とした。

　入学者選抜の方法は大きく、筆記試験、口述試験・面接試験、書類審査、技能試験（原語は「術科」）に分けることができるが[44]、対象とした2,710の募集単位のうち、それぞれの方法を用いている募集単位の数は、2,555（全体の97.7％）、1,158（同44.3％）、466（同17.8％）、94（同3.6％）となっている。このうち、合否の決定にあたり筆記試験の成績のみを用いる募集単位は1,401あり、対象とした募集単位全体の51.7％を占めている。これに、合否判定に用いる総成績の50％以上を筆記試験に割り当てている募集単位を加えると、全体の82.4％にまで達する。このことから、一般的なルートでは筆記試験が重視されていることがわかる。

　筆記試験の科目数を見ると、最も多いのは国立台湾大学中国文学系の7科目であり（表2-11参照）、6科目課す6つの募集単位も、いずれも国立台湾大学の募集単位である。国立台湾大学の募集単位（206）では平均3.6科目が課されており、これは筆記試験を課している2,555の募集単位全体の平均2.4科目よりも1科目以上多くなっている。科目数として最も多いのは2科目で982の募集単位があり、3科目を課す募集単位（780）がそれに続いている。なお、大学によっては英語や国語を共通試験科目として設定しているところもある。

　他方で、全体の6.1％にあたる165の募集単位は筆記試験の比率が総成績の0％となっている。これらの募集単位では筆記試験そのものが課されないことが多いが、中には筆記試験を課したうえで合否判定時にはその試験成績を含めないところもある。例えば、台北医学大学薬学系は筆記試験、書類審査、面接試験の3つを課しているが、筆記試験としての英語の成績は、大学が定める最低基準に達していることが求められるのみで、総成績には含められていない。この募集単位では、総成績は書類審査（総成績の40％を構成）と面接

試験（同60％）で算出される。

　技能試験が課されている94の募集単位を除く募集単位（2,616）について、筆記試験、口述試験・面接試験、書類審査それぞれにどの程度の比率が与えられているのかを整理したのが**表2-8**である。33％を超える比率が割り当てられていれば「＋」、そうでなければ（課されていない場合を含む）「－」を与えてパターンを作成している。

　すでに述べたことからも予想されたことだが、最も多いパターンは筆記試験を重視するⅢ型（全体の67.0％）であり、筆記試験と口述試験・面接試験を組み合わせたⅠ型（同20.2％）がそれに続いている。同時に、考えられる6つのパターンすべてに該当する募集単位が存在していることも見てとれる。

　これらの選抜方法は、一度の試験として用いられていることもあれば、2段階選抜を採用し、第1次試験（原語は「初試」）と第2次試験（原語は「複試」）との組み合わせとして用いていることもある。表2-8で対象とした募集単位のうち、後者の2段階選抜を採用している募集単位は、全体の28.8％にあたる753あった[45]。パターン別ではⅠ型の約8割の募集単位が2段階選抜を採用している。筆記試験と口述試験・面接試験を、それぞれ比較的大きな比重で組み合わせる場合には、一度の試験に組み込むことが難しく、2段階選抜の形をとっていることが推察される。

　次に、選抜審査試験での選抜方法を検討しよう。対象となる募集単位は2,279である。この選抜審査試験でも入学者選抜の方法は大きく、筆記試験、

表2-8　一般ルートの配点比率パターン（2013年度）

パターン		一般ルート		2段階選抜あり	
Ⅰ型	＋＋－	528	(20.2％)	417	(55.3％)
Ⅱ型	＋－＋	53	(2.0％)	8	(1.1％)
Ⅲ型	＋＋－	1,753	(67.0％)	241	(32.0％)
Ⅳ型	－＋＋	151	(5.8％)	30	(4.0％)
Ⅴ型	－＋－	105	(4.0％)	54	(7.2％)
Ⅵ型	－－＋	26	(1.0％)	3	(0.4％)

注：パターンは、筆記試験の成績、口述試験・面接試験、書類審査の順で33％を超える比率が割り当てられていれば「＋」、そうでなければ「－」を与えている。
出典：各大学から出されている募集要項の情報を整理して筆者作成。

表2-9 選抜審査試験の配点比率パターン（2013年度）

パターン		一般ルート		2段階選抜あり	
Ⅰ型	＋ ＋ －	53	(2.3%)	33	(2.5%)
Ⅱ型	＋ － ＋	11	(0.5%)	5	(0.4%)
Ⅲ型	＋ － －	56	(2.5%)	22	(1.7%)
Ⅳ型	－ ＋ ＋	1,754	(77.7%)	1,075	(81.9%)
Ⅴ型	－ ＋ －	238	(10.5%)	149	(11.3%)
Ⅵ型	－ － ＋	145	(6.5%)	29	(2.2%)

注：表2-8と同じ。
出典：各大学から出されている募集要項の情報を整理して筆者作成。

口述試験・面接試験、書類審査、技能試験に分けることができ、それぞれの方法を採用している募集単位の数は、310（全体の13.6%）、2,182（同95.7%）、2,255（同98.9%）、20（同0.9%）となっている。

表2-9は、技能試験を課している募集単位を除く募集単位（2,257）[46]で、筆記試験、口述試験・面接試験、書類審査それぞれにどの程度の比率が与えられているのかを整理したものである。最も多いパターンは、口述試験・面接試験と書類審査を重視するⅣ型で、4分の3を超える募集単位がこのパターンに含まれる。そして口述試験・面接試験を重視するⅤ型、書類審査を重視するⅥ型が続いている。この選抜で筆記試験を重視する募集単位は少数にとどまっている。なお、ここでも強調しておきたいが、考えられる6つのパターンすべてに該当する募集単位が存在している。

表2-9で対象とした募集単位のうち58.2%にあたる1,313の募集単位で2段階選抜が採用されている[47]。パターンによる違いは大きくない。

以上のように全体的な傾向を整理すると、一般的なルートでは筆記試験が中心で、それに口述試験・面接試験を組み合わせることがあるのに対して、選抜審査試験では口述試験・面接試験と書類審査を組み合わせた選抜方法が主とされていることがわかる。ただし同時に、どちらのルートでも多様な選抜方法がとられていることも確認された。

3 具体的な選抜方法

続いて、事例を取り上げて、選抜方法の多様性をより具体的に確認しよう。

ここで扱うのは各大学の2014年度入学者募集要項である。

まず、同一大学内での状況として、国立台湾大学におけるいくつかの募集単位（学系・研究所）の碩士課程入学者選抜方法を見てみることにする。同大学では、2014年度の新入生募集にあたり、「国立台湾大学103学年度碩士班招生簡章」（募集要項）が公表された[48]。これによれば、実際の入学者選抜は後に述べるように募集単位ごとに多様であるものの、出願資格や出願方法、筆記試験の時間割、合格者発表の日時などは大学で統一的に定められているし、募集単位ごとの選抜方法もこの文書で統一的に公表されている（日本のように、研究科ごとに募集要項を公表する形式ではない）。なお、一般生とともに在職生の募集も行われている。

選抜の日程は次のようになっていた。まず出願は、2014年1月13日正午から21日正午までの間にインターネットで行う。筆記試験は、3月1日、2日の2日間で、時間割は表2-10のとおりである。各募集単位はこの時間割の中で試験科目を配分する。口述試験を課す募集単位については、3月20日までに試験参加者名簿が発表され、それ以降に試験が行われる。そして、口述試験を課さない募集単位は3月21日、口述試験を課す募集単位は4月10日に合格者発表が行われる。

表2-11は、個別学系・研究所が行う選抜方法を具体的に示している。ここで取り上げた募集単位の選抜方法を概観すると、学系や研究所ごとに多様性が認められる。同時に、口述試験（第2次試験）に進む者の決定方法や筆記試験の英語の扱い、口述試験の最低基準など、ある程度共通する部分があることも見てとれる。

表2-10　国立台湾大学の筆記試験時間割（2014年度）

時間 月日	午前			午後		
	8:00	8:10 〜9:50	10:30 〜12:10	1:30	1:40 〜3:20	4:00 〜5:40
3月1日（土）	準備	1時間目	2時間目	準備	3時間目	4時間目
3月2日（日）		5時間目	6時間目		7時間目	8時間目

出典：「国立台湾大学103学年度碩士班招生簡章」（http://gra103.aca.ntu.edu.tw/gra_regular/default.asp、2014年7月5日最終確認）より筆者作成。

表2-11　国立台湾大学における大学院入学者選抜（2014年度、一部）

学系等	中国文学系	社会学系	心理学系 臨床心理学組	商学研究所 乙組
筆記試験	①英語(A)、②国語、③中国語・文学能力テスト、④文字学、⑤音韻学、⑥中国文学史、⑦中国思想史	①英語(B)、②社会学(A)、③社会研究方法(社会統計を含む)、④社会学理論	①英語(B)、②心理学方法(統計、心理測定、心理実験法を含む)、③変態心理学、④認知・発達心理学	①英語(A)、②経済学(A)、③応用微積分
口述試験	—	—	3月29日 筆記試験(英語(B)を除く)の総平均が40点以上かつ順位が上位12位以内の者。試験総合点の10%を占める。	3月27日 筆記試験(英語(A)を除く)の順位が上位24位以内の者。試験総合点の40%を占める。
説明	②、③、④、⑤は50点満点。 英語(A)は合計点に含めない。ただしその成績が受験者の上位70%に達しない者は合格としない。 合計点(①、②を除く)が175点未満の者は合格としない。	英語(B)は合計点に含めない。ただしその成績が受験者の上位50%に達しない者は合格としない。	英語(B)は合計点に含めない。ただしその成績が系全体の受験者の上位50%に達しない者は合格としない。 口述試験の成績が60点に達しない者は合格としない。	英語(A)は合計点に含めない。ただしその成績が上位60%に達しない者は合格としない。 口述試験の成績が70点に達しない者は合格としない。

出典：「国立台湾大学103学年度碩士班招生系所簡章下載」(http://gra103.aca.ntu.edu.tw/gra_regular/detail.asp、2014年7月5日最終確認) より筆者作成。

一方、同大学の選抜審査試験はこれに先立って実施されている[49]。出願は2013年10月1日正午から8日正午までの期間で、やはりインターネット上で行う。選抜は募集単位ごとに異なっており、合格者発表は11月5日と11月12日の2度に分けて行われた。

個別の選抜方法を具体的に確認すると、例えば心理学系臨床心理学組は比較的単純で、書類審査と、その書類審査で順位が上位8位までの者が参加する口述試験の2つで選抜を行い、両者の成績を50:50で合算して合格者を決定する。提出が求められる書類は、志願書のほか、順位証明書、学位証書もしくは学生証のコピー、各学年の成績表、推薦状2通、履歴、自伝、研修・研究計画であり、学術コンクールでの受賞証明やすでに発表した論文（抜刷、

化学系 化学組	機械工学系 固体力学組	薬学系	分子医学研究所
①英語(B)、②有機無機、③物化分析	①英語(B)、②工学数学(B)、③材料力学(C)、④動力学(A)	①英語(B)、②生物化学、③有機化学、生物薬剤学、普通生物学(A)から1つ選択	①英語(A)、②基礎分子生物学、③生命科学(A)
―	―	3月26日 筆記試験(英語(B)を除く)の順位が上位24位以内の者。 試験総合点の50%を占める。	3月28日 筆記試験(英語(A)を除く)の順位が上位16位以内の者。 試験総合点の50%を占める。
英語(B)は合計点に含めない。ただしその成績が受験者の上位50%に達しない者は合格としない。	英語(B)は100点で出題し、30%分として計算する。	英語(B)は合計点に含めない。ただしその成績が受験者の平均点に達しない者は合格としない。 口述試験の成績が70点に達しない者は合格としない。	英語(A)は合計点に含めない。ただしその成績が受験者の上位50%に達しない者は合格としない。 口述試験の成績が60点に達しない者は合格としない。

コピー)などがあればそれも提出することとされている。中国文学系も類似の方法で、書類審査と、その書類審査で順位が上位10位までの者が参加する口述試験とで選抜し、両者の成績を70:30であわせて合否を決める。この学系では、推薦状が求められない代わりに、学術論文(5,000字以上)の提出が課されている。これに対し、数学系では、まず書類審査と筆記試験(高等微積分、線形代数)を課し、その合格者に口述試験が課されることになっている。そのうえで最終的に、書類審査、筆記試験、口述試験の成績を20:40:40で総合して合格者が決定される。社会学系ではいっそう複雑な方法がとられている。まず出願資格として、通常の条件に、本科課程の成績が同学年の上位50%以内にあることが加えられている。選抜はまず書類審査と筆記試験

（社会学論著評述）が行われ、両者の成績がいずれも70点以上でかつ両者の平均による順位が上位14位までの者に口述試験が課される。そして最終的に、書類審査、筆記試験、口述試験の成績を20:40:40で総合して合格者が決定される。全体的に見れば、選抜審査試験は書類審査が加えられ、筆記試験も募集単位ごとにそれぞれ時間、科目を決めて実施されることから、一般的なルートよりも多様な状況が見られる。

一方、同じ専門分野であっても、大学によって選抜方法は異なっている。**表2-12**及び**表2-13**はそれぞれ、いくつかの大学における文学分野（中国文学系）の一般的ルートと選抜審査試験を取り上げ、どのような選抜が行われているかを整理したものである。同じ分野であることから、一般的なルートで課される筆記試験科目がある程度類似していることは理解できるし、口述試験が課されない点も（表2-11にある国立台湾大学中国文学系も含めて）共通している。しかし、筆記試験の科目数やそれらの比重には違いが認められる。ま

表2-12　大学院入学者選抜の実施（文学分野、一般）

大学名	国立成功大学	国立政治大学	淡江大学	国立台湾師範大学
学系等	中国文学系	中国文学系	中国文学系文学組	国文学系
試験日	2月22日	2月22日（23日）	3月2日	3月15日
筆記試験	①中国文学史、②中国思想史、③語言文字学、④古典文献解読	①高階国語、②中国文学史、③中国思想史、④文字学（文字、音韻、訓詁を含む）	①英語、②中国語言語能力表現、③中国文学史	①中国文学史、②中国哲学史、③文字学（文字、音韻、訓詁を含む）、④英語、⑤国語
口述試験	―	―	―	―
説明	①〜③は1.3倍として総合点に組み入れる。	高階国語の成績が受験者の平均点に達していない者は合格としない。	①、②、③の比重は1:1:1.5とする。	総合点の算出にあたっては、④のみ12%、その他の4科目は22%として計算する。
合格発表	3月14日	3月11日	3月15日	4月11日

出典：各大学ＨＰに掲載されている情報（2014年7月5日最終確認）をもとに筆者作成。

表2-13　大学院入学者選抜の実施（文学分野、選抜審査試験）

大学名	国立成功大学	国立政治大学	淡江大学	国立台湾師範大学
学系等	中国文学系　中国文学	中国文学系	中国文学系　文学組	国文学系
出願の追加条件	在学時の成績が所属グループの上位35%以内にある者	在学時の成績が所属クラスの上位30%以内にあり、操行成績が平均80点以上の者	（とくになし）	在校時の成績が所属クラスの上位10%以内にある者
試験日	10月22日、面接試験は11月5日	11月3日、口述試験は11月10日	12月1日	口述試験は11月1日
試験科目	筆記試験（中国文学史、中国思想史）、書類審査、面接試験	筆記試験（言語能力）、書類審査（研究計画、学術論文）、口述試験	書類審査（研究計画、大学成績表）、筆記試験（英語）、面接試験	書類審査、口述試験
説明	筆記試験と書類審査の成績で合格となった者のみ面接試験に参加。筆記試験、書類審査、面接試験の比率は30:30:40.	筆記試験と書類審査の成績で上位12位までの者のみ口述試験に参加。筆記試験、書類審査、口述試験の比率は25:50（研究計画25、学術論文25):25。	面接試験は全員受験。筆記試験、書類審査、面接試験の比率は20:40:40.	書類審査の成績で合格となった者のみ口述試験に参加。書類審査、口述試験の比率は50:50.
合格発表	11月18日	11月20日	12月12日	11月15日

出典：各大学ＨＰに掲載されている情報（2014年7月5日最終確認）をもとに筆者作成。

た選抜審査試験では、どの大学でも、書類審査、筆記試験、面接試験（口述試験）の組み合わせで合格者が決定されることや、筆記試験の比重が一般的なルートよりも低いことは確認できる。その一方で、書類審査、筆記試験、面接試験（口述試験）それぞれの比率や、出願にあたって求める条件など、やはり大学によって異なっている状況も見られる。例えば、国立台湾師範大学国文学系は、一般的なルートでは筆記試験のみで合格者を決定しているのに対して、選抜審査試験では筆記試験が課されず、書類審査と口述試験のみで合否が決められている。

　以上の事例からわかるのは、募集単位によって多様性が認められるが、そ

国立台湾師範大学 (台北市、2005年8月、筆者撮影)

れと同時に同一大学内、あるいは同一分野である程度の共通性も確認できるということである。1990年代半ば以降、学力筆記試験を主体とする一般的なルートに加えて、選抜審査試験が導入された。とくに後者の選抜を行うかどうかは募集単位によって異なっているし、それぞれのルートで行われている選抜方法も募集単位ごとに多様である。ただし、全体の枠組みについては国レベルで法規の形で定められ、大学レベルにおいても、募集要項が統一的に作成されるとともに、出願、試験実施、合格者発表などの時期がある程度まとめられ、いくつかの試験科目が全学レベルで作成されているといった点で統一性が存在している。こうした統一性は、同一大学内で募集単位間での共通性を高めるように作用しているだろう。一方で、同一分野においては選抜において確認すべき能力に共通性があると考えられる。

6．台湾における大学入学者選抜及び大学院入学者選抜の特徴

　台湾における大学入学者選抜及び大学院入学者選抜はそれぞれ、以上のような状況になっている。両者の異同を整理すると、次のようにまとめられる。
　共通点としては、まず教育部が全体的な枠組みを定めている点がある。とくに2010年に「要点」が公布されて以降、大学入学者選抜も大学院入学者選抜もともにこの規定に沿って実施されることになっている。また、どちらの選抜においても、その枠組みの中で大学・募集単位の自主性を発揮する余地が用意されて、各大学・募集単位が自らふさわしいと考える募集方法をと

ることができるようになっており、その結果、実際に行われている選抜にはかなりの多様性が見られる。選抜方法としては、主要なルートとして、学力筆記試験を主とするルートと学力筆記試験を含む多様な方法を用いて合格者を決定するルートの2つがある点も共通している。

　他方で、相違点として次の2点を指摘することができる。第1に、一般的なルートについて見ると、大学・募集単位の自主性の度合いに違いがある。大学入学者選抜では全国型の学力筆記試験が組織されていて、基本的にそれを用いて選抜を行うことになっているのに対して、大学院入学者選抜では原則的に大学あるいは募集単位ごとに試験科目が設定され、出題されている。同時に、大学入学者選抜では大学の連合組織である大学学生募集委員会聯合会が全体的な調整の役割を果たしている。第2に、多様な方法を用いて選抜を行うルートについては、大学入学者選抜では学科能力テストが課され、一定の学力を有することが学力筆記試験で確認されるのに対して、大学院入学者選抜の選抜審査試験では筆記試験を課されることなく合否が決まる者がかなりの程度存在している。つまり、大学院入学者選抜において学力筆記試験の果たす役割は大学入学者選抜におけるほど大きくはない。

　全体として見れば、大学入学者選抜と大学院入学者選抜を統一的に規定する法規が制定されていることからもわかるように、両者の制度設計は基本的に一致している。すなわちどちらも基本的に、学力筆記試験を主体とする選抜と学力筆記試験を含め多様な方法を組み合わせて行う選抜の二本立てとなっている。そして実際の選抜にあたっては、それぞれの大学・募集単位が自らふさわしいと考える方法を選択できるようになっている。一方で、学力筆記試験は、大学入学者選抜では全国型の統一試験が用いられるのに対して、大学院入学者選抜では出題が大学・募集単位に任されている。また、大学入学者選抜では原則として全員に学力筆記試験が課されているものの、大学院入学者選抜では筆記試験を課さずに合否を決定する募集単位があるのである。

注
1　若林正丈「台湾」国分良成編著『現代東アジア──朝鮮半島・中国・台湾・モ

ンゴル』慶應義塾大学出版会、2009年、367頁。
2 同上論文、382–398頁。
3 石田浩『台湾民主化と中台経済関係 —— 政治の内向化と経済の外向化』関西大学出版部、2005年、29–30頁。
4 李海績・鄭新蓉主編『台湾教育概覧』九州出版社、2003年、13–15頁。
5 許智香「政権更迭後的教育方針　台湾光復至九年国教」経典雑誌編著『台湾教育四百年』経典雑誌、2006年、130–131頁。
6 鄭旦華・于超美編『今日台湾教育』広東教育出版社、1996年、18頁。
7 李・鄭編、前掲書、2003年、15–17頁。
8 「教育改革総諮議報告書」は、台湾の教育部ホームページにある重要教育文献のページ（http://history.moe.gov.tw/important_list.asp、2014年8月16日最終確認）から閲覧することができる。
9 教育部編『中華民国教育報告書 —— 邁向二十一世紀的教育遠景』教育部、1995年。
10 教育部教育研究委員会編『中華民国教育報告書　黄金十年、百年樹人』教育部、2011年。
11 教育部統計処『中華民国教育統計　民国103年版』教育部、2014年、16–17頁より算出した。
12 南部広孝・廖于晴「台湾における高等教育の構造分析」『大学論集』第43集、広島大学高等教育研究開発センター、2012年、156頁。
13 教育部高等教育司編『中華民国高等教育簡介 2012/2013』教育部、2013年、15頁。
14 南部広孝「高等教育行政」小川佳万・南部広孝編『台湾の高等教育 —— 現状と改革動向』(高等教育研究叢書95) 広島大学高等教育研究開発センター、2008年、70–73頁。
15 南部・廖、前掲論文、2012年、159頁。
16 「邁向頂尖大学計劃」(http://140.113.40.88/edutop/modules/catalog_1/edutop_about/upload/20111130192552.pdf、2015年5月4日最終確認)。
17 「核定学校名単　102年度」(http://www.csal.fcu.edu.tw/edu/program_school_lesA.aspx?yms=102、2015年5月4日最終確認)。
18 台湾では、大学院教育は学系または研究所に開設された課程において行われる。ただし、学系は大学院課程とともに本科課程が置かれるのに対して、研究所は大学院課程のみが置かれることになっている。したがって台湾の研究所は、イメージとしては日本の独立研究科に近いと言える。
19 楠山研「台湾の大学評価における学習成果導入のインパクト —— 競争にさらされる大学の自立と管理」深堀聰子編『アウトカムに基づく大学教育の質保証 —— チューニングとアセスメントにみる世界の動向』東信堂、2015年、216–234頁。
20 「在職クラス」に関しては、廖于晴「台湾における大学院教育の多様化政策 —— 『在職クラス』の役割に焦点をあてて」京都大学大学院教育学研究科修士論

文、2013年に詳しい。
21 南部広孝「台湾」石井光夫『東アジアにおける「入試の個性化」を目指した大学入試改革の比較研究』(平成18年度文部科学省先導的大学改革推進委託事業「受験生の思考力,表現力等の判定やアドミッションポリシーを踏まえた入試の個性化に関する調査研究」報告書第2分冊 研究代表者:石井光夫) 東北大学、2007年、148–149頁。
22 中華民国大学入学考試中心『我国大学入学制度改革建議書──大学多元入学方案』中華民国大学入学考試中心、1992年、5–6頁。
23 南部、前掲論文、2007年、150頁、154–157頁。
24 南部、同上論文、150頁。
25 南部広孝「台湾の大学入学者選抜における『繁星計画』の導入と展開」『大学論集』第39集、広島大学高等教育研究開発センター、2008年、129–144頁。
26 大学繁星計劃彙辦中心『99學年度大學繁星計畫招生簡章彙編』大學繁星計畫彙辦中心、2009年、(8)–(16)頁（http://www.star.ccu.edu.tw/star99/download.php、2011年2月15日最終確認）。
27 大学招生委員会聯合会・大学甄選入学委員会『101學年度大學甄選入學「繁星推薦」招生簡章彙編』大学招生委員会聯合会・大学甄選入学委員会編印、2011年に掲載されている各大学の条件を整理した。
28 南部、前掲論文、2007年、161頁。
29 大学招生委員会聯合会・大学考試分発委員会『101学年度大学考試入学分発招生簡章』大学招生委員会聯合会・大学考試分発委員会編印、2011年に掲載されている各募集単位の情報を整理した。
30 南部、前掲論文、2007年、165頁。
31 南部、同上論文、166頁、169頁。
32 「均標」の詳しい説明については、南部、同上論文、161頁、163頁を参照のこと。
33 国立政治大学会計学系における2004年度の選抜方法は、南部、同上論文、164頁に表14として訳出されている。
34 大学招生委員会聯合会・大学甄選入学委員会『101學年度大學甄選入學「個人申請」招生簡章彙編』大学招生委員会聯合会・大学甄選入学委員会編印、2011年に掲載されている各募集単位の情報を整理した。
35 王忠烈主編『台湾、香港、澳門学位制度与研究生教育研究』(中国人民大学出版社、1997年) では、台湾の大学院入学者選抜について「碩士課程の学生については筆記試験のみを行い、博士課程の学生については筆記試験のほか、論文審査と口述試験を受けなければならない」とある (57頁)。前後の内容から、これは1990年代初め頃の状況を示していると推測される。
36 石井光夫・申育誠「台湾の大学院入試──『一定の学力水準』と『幅広い能力』の保証の観点から」『東北大学高等教育開発推進センター紀要』第6号、東北大学高等教育開発推進センター、2011年、14頁。

37 「大学辦理招生規定審核作業要点」(http://edu.law.moe.gov.tw/LawContentDetails.aspx?id=GL000475&KeyWordHL=%e5%a4%a7%e5%ad%b8%e6%8b%9b%e6%94%b6&StyleType=1 より、2013年1月12日最終確認)。なおこの規定は、南部広孝『東アジア諸国・地域における大学院入学者選抜制度の比較研究』(平成22年度〜平成24年度科学研究費補助金(基盤研究(C)、課題番号22530915)研究成果報告書　研究代表者:南部広孝)京都大学大学院教育学研究科、2013年、92-98頁に資料3として全訳されている。

38 「大学法(民国100年1月26日修正)」(http://edu.law.moe.gov.tw/LawContentDetails.aspx?id=FL008606&KeyWordHL=&StyleType=1、2015年5月2日最終確認)。

39 各大学の募集要項によれば、選抜審査試験が第1学期に行われることから、その合格者ですでに学士学位を有する者などに対して前年度第2学期からの入学を申請できることにしている募集単位が少なからず存在している。

40 本文でも言及したが、台湾では、大学院入学者募集要項が日本のような部局単位ではなく大学単位でまとめて公表されている。ここで分析に用いた募集要項は、2013年7月にそれぞれの大学のホームページにアクセスして入手した。

41 今回対象としたのは、『101学年度大学考試分発入学招生簡章』に選抜方法が収載されている66大学に台北芸術大学と康寧大学の2校を加えた68大学である。

42 例えば、国立台湾大学図書資訊学系は一般的なルートでは学系が1つの募集単位として設定されているが、選抜審査試験では甲組、乙組、丙組に分けて学生募集が行われている。このうち、乙組は在職生が対象で、甲組は関連分野の卒業生、丙組はそれ以外の分野の卒業生が出願資格として設定されている。これに対して同大学心理学系一般心理学組は、一般的なルートでは研究領域によって甲組、乙組、丙組に分けて学生募集が行われ、異なる試験科目が課されている一方、選抜審査試験では一般心理学組として1つの募集単位となっている。

43 入学者選抜と直接は関係しないものの、関連分野の卒業者でない場合に入学後基礎科目の履修を求めるところがある。例えば、国立台湾大学人類学系(一般ルート)では、「人類学系の卒業者でないときは、入学後、試験の成績及び履修状況を見て系主任または指導教授が人類学系学士クラスの基礎科目の追加履修を求めることがある。ただし、碩士クラスの卒業単位には含めない」とされている。また、国立台湾師範大学教育学系(一般ルート)では、大学以上の段階で教育理論基礎科目を3単位以上履修していない者は入学後「理論基礎科目」(3単位)を追加履修しなければならないこと、その単位は碩士クラスの最低卒業単位数に含めないことが記載されている。これらの説明は、本文にあるように本科課程で学んだ専門分野によって募集単位を分けていない場合でも、関連分野以外からの入学者が存在することを示唆している。出願資格として非関連分野の卒業者を指定するとか、非関連分野の出身者に対して入学後に基礎科目の追加履修を求めるといった措置があることは、台湾における大学教育と大学院教育(碩士課程教育)との関係を考えるうえで重要な点だと思われる。

44　募集要項の細かな説明によれば、口述試験・面接試験の中に書類審査や技能試験が含まれているようなこともあるが、ここでは全体的な傾向をとらえるため、募集要項で挙げられている名称にしたがって区分した。
45　技能試験を課す募集単位まで含めた全体では、773の募集単位（総募集単位2,710の28.5％）が2段階選抜を採用している。
46　対象とした募集単位のうち2つ（国立中央大学の英美語文学系、哲学研究所）は筆記試験、口述試験、書類審査がそれぞれ3分の1ずつの配分となっていることから、ここでの分析からは外している。
47　選抜審査試験では、第1次試験と第2次試験という2段階選抜の形式を採用しながらすべての受験者が第2次試験に参加すべきことを明示している募集単位がある。これらは2段階選抜を採用しているとはみなさないこととした。なお、第2次試験に進む際の基準が明示されていない募集単位もあるため、このような募集単位は他にもある可能性がある。
48　国立台湾大学の碩士課程新入生募集に関する以下の記述は、「国立台湾大学103学年度碩士班簡章下載」(http://gra103.aca.ntu.edu.tw/gra_regular/default.asp、2014年7月5日最終確認）による。
49　国立台湾大学の碩士課程選抜審査試験に関する以下の記述は「国立台湾大学103学年度碩士班甄試招生簡章」(http://gra103.aca.ntu.edu.tw/brochure/default.asp、2014年7月5日最終確認）による。

第3章　韓国における大学及び大学院の入学者選抜

1. 歴史的・社会的背景と教育政策の変遷

　1945年8月に日本の支配から解放された朝鮮では、北緯38度線以南の地域がアメリカ軍によって占領され、その軍政が3年間続いた。1948年、李承晩を大統領として大韓民国（以下、韓国と略）の独立が宣言され、第一共和国が始まった。1950年に朝鮮戦争が勃発し、1953年に停戦協定が結ばれたが、その後しばらくは復興と再建が最優先課題となった。反共イデオロギーによる国民意識の統合を図る李承晩政権は、国内的には植民地期から引き継いだ警察官僚機構、右翼組織、軍、新興財閥など、国際的にはアメリカからの軍事的経済的援助によって支えられた[1]。1960年の「学生革命」によって李承晩が下野した後、1961年に軍事クーデターで実権を握った朴正煕が1963年に大統領選挙に当選して民政に移行し1979年まで政権を担当した（第三共和国、第四共和国）。この間、民主化運動や批判勢力を徹底的に抑え込む強権的な統治手法をとると同時に、経済建設に力を入れた。とくに第三共和国期（1963～1972年）には政治の主要テーマが「経済開発」理念となり、その具体的政策として2次にわたる経済開発5ヵ年計画が策定された。これらは「戦後復興期の混乱にピリオドを打ち、自立した国造りの宣言」であった[2]。また1970年代には重化学工業化が進められた。その結果、産業構造が変容するとともに、「漢江の奇跡」とも呼ばれる高度経済成長を達成した。

　1970年代末に起きた民主化運動は、全斗煥政権の時期には一時抑え込まれたものの、1980年代半ばに再び盛り上がり、1987年には「国民大和合と偉大なる国家への前進のための特別宣言」（「六・二九民主化宣言」）が出される

に至った。この宣言は、大統領直接選挙制への改憲、言論の自由化、地方自治の実現など「民主化のあらゆる領域におよぶ包括的な内容をもっていた」[3]。そして憲法改正が行われ、第六共和国へと移行した。一方、対外的には1990年代に入って、反共政策からの転換が図られ、南北による国際連合への同時加盟（1991年）、ロシア連邦との国交樹立（1992年）、中華人民共和国（以下、中国と略）との国交樹立（1993年）などが行われた。

32年ぶりの文民政権の誕生となった、1993年発足の金泳三政権は、文民統制の徹底を図るとともに、「韓国病の克服」と「世界化の達成」を志向した。「世界化」とは、政治、経済、社会、文化など韓国のあらゆる面を世界レベルに引き上げようとする考え方である[4]。経済分野では、1996年に経済協力開発機構（OECD）への加盟を達成した。しかし、1997年の通貨危機に伴い、国際通貨基金（IMF）の支援を要請せざるを得なかった。1998年に発足した金大中政権ではまずこの経済危機からの回復が課題となり、金融機関の整理統合、資本市場の自由化、財閥改革、労働市場の柔軟化などが進められた[5]。同時に、民主化や市民参加は拡大した。2000年代に入ると、政治面では、ナショナリズムを伴いながら過去の清算を進め、経済面ではグローバルなネットワークへいっそう積極的に参入するとともに、中国への依存を強めてきている。

このような流れの中で、教育については、「脱日本化」と反共政策を軸として始まった国民統合の手段とみなされて整備が進められ、その後は国際化、グローバル化に向けた変容に対応するよう改革が行われてきた。同時に、高い教育熱によって教育の普及が進む一方で、それがもたらす課題の克服がめざされてきた。

アメリカ軍政期にまず行われたのは、日本色の払拭と教育制度運営の「民主化」であった。前者については、修身科の廃止と公民科の開設、教授用語の母国語化、日本史から朝鮮史（韓国史）への切り替え、ハングルによる教科書の編纂が行われ、後者については6-6〈3・3〉-4制への移行、男女共学制の採用、教育行政の内務行政からの独立などが含まれていた。これらは独立宣言後も継続され、しかもアメリカからの大きな援助を受けたことで、その

教育理念や制度が深く浸透することになった。1949年に公布された「教育法」では、「弘益人間」という考え方が打ち出された。これは、個人の人格の完成を通して民主国家の発展、さらには人類共栄の実現に寄与するという教育理念であった。1960年代から1970年代にかけては、韓国的な教育のあり方が模索され、一方では「国民教育憲章」(1968年、大統領宣布)を通じて国や伝統が強調された教育理念が示され、他方では経済発展に寄与することをめざす改革が進められた。そして、中学入試の廃止、高校「平準化」、「実験大学」方式による大学改革などが行われた。

1980年代に入ると、1985年に大統領直属の教育改革審議会が設置されるなど改革の機運が高まった。そして、課外授業の禁止をはじめとして過度な受験競争への対応がとられるとともに、従来の「引き締め一辺倒の教育政策から柔軟路線への転換も模索され始めた」[6]。具体的には、生涯教育理念の導入、教育課程の見直し、科学分野における英才教育の振興としての科学高等学校の新設、大学入学定員の大幅な緩和、高等教育構造の多様化、大学自治の復活、大学評価の導入、学術研究体制の整備などが進められた。また、1984年から義務教育年限が9年に延長された[7]。

1990年代には、それまでの教育改革の基本的な方向を継承しつつ、新たな社会にふさわしい教育のあり方が模索された。1995年に大統領の諮問機関である教育改革委員会から「世界化・情報化時代を主導する新教育体制樹立のための教育改革案」(「5・31教育改革案」)が発表された。そこには、生涯学習社会の基盤構築、大学の多様化と特性化、初等中等学校の自律的運営、教育課程の見直し、大学入試制度の改革、教員の資質向上、教育への財政支援の増加などが含まれており、その骨子は2000年代後半まで引き継がれてきた。また1997年には、従来の「教育法」に代わり、「教育基本法」、「初等中等教育法」、「高等教育法」が制定された。21世紀に入ると、省庁を越えた人的資源開発政策の必要性から教育部は教育人的資源部として再編され(2001年)、「国家人的資源開発基本計画」が策定されるようになった。2003年には教育革新委員会がやはり大統領直属の諮問機関として設置され、2007年同委員会は「未来の教育ビジョンと戦略案」を発表した。その中では4大政策

目標として、(1) 多様なニーズを満たす就学前教育及び初等中等教育の実現、(2) 世界水準の高等教育の育成、(3) 生涯学習の習慣化と人的資源の活用の向上、(4) 教育を通した社会格差の是正が示された。2008年に就任した李明博大統領（当時）は、「小さな政府」志向のもと、いっそうの規制緩和や政府権限の縮小を進めた[8]。また、この2008年に教育人的資源部は科学技術部と統合して教育科学技術部になった。なお、2013年には再び教育部に戻っている。

このように、教育は国民統合と経済的、社会的発展の手段として重視され、1970年代までは政府が強い権限で管理し、1980年代からは、民主化の動きもあって、政府が主導しつつ自由化や多様化が図られてきた。

2. 高等教育制度の概要

韓国高等教育は、機関に注目すると、総合大学としての「大学校」、単科大学としての「大学」（「大学校」及び「大学」は以下、大学と総称する）、それから二年制初級大学という3種類の機関から構成される制度として始まった[9]。1972年には、初級大学（2年制）レベルの遠隔高等教育機関である放送通信大学が国立ソウル大学の附属機関として設立された[10]。その後、1970年代末から1980年代にかけて高等教育の構造に大きな変化が生じた。具体的には、単科大学の総合大学への昇格、私立大学の地方分校の開設、放送通信大学や教育大学の4年制機関への昇格、専門学校の専門大学（2〜3年制の短期高等教育機関）への昇格、新たな高等教育機関としての開放大学の創設などが行われた[11]。2000年には、従来「生涯教育法」にもとづいて認可されていたサイバー大学が「高等教育法」に定める大学として設置認可されるようになり、その後それは遠隔大学に包摂された[12]。

韓国の高等教育機関は現在、名称としては大学で統一されているものの、すでに述べたことからもわかるように、カテゴリーがいくつかに分かれている。それは、大学、産業大学、教育大学、専門大学、遠隔大学（放送通信大学、サイバー大学）、技術大学などである。「高等教育法」[13]によれば、大学は

「人格を陶冶し、国家と人類社会の発展に必要な学術の深奥な理論とその応用方法を教授・研究し、国家と人類社会に貢献すること」（第28条）を目的としている。産業大学は1997年に開放大学から改称された類別であり、産業社会で必要とされる学術あるいは専門的知識・技術の教育を目的とした機関である。教育大学は当初、短期高等教育機関として設立されたが、1980年代前半に4年制大学へと昇格した[14]。また専門大学は、「社会各分野に関する専門的知識と理論を教授・研究し、才能を練磨し国家社会の発展に必要な専門職業人を養成すること」（「高等教育法」第47条）を目的とする、修業年限2～3年の短期高等教育機関である。1998年度からは校名に「専門」を冠しなくてもよくなった。修了者には専門学士学位が授与され、さらに専攻深化過程を終えると学士学位を得ることができる。遠隔大学は、情報・通信媒体を通じて高等教育を提供し、国や社会が必要とする人材を養成すると同時に、生涯教育の発展に寄与することを目的としており、放送通信大学とサイバー大学が含まれる。最後に、技術大学は、「産業体勤労者が産業現場で専門的知識・技術の研究・訓練のための教育を継続して受けることができるようにすることにより、理論と実務能力を共に備えた専門人材を養成すること」（「高等教育法」第55条）を目的としている。

　これらの高等教育機関の設置形態は国立、公立、私立に分けられる。2012年の状況について、機関数で見ると大学の82.5％、専門大学の93.7％が私立であり、教育大学と産業大学はすべて国公立、技術大学は私立（1校）となっている。また学生数では、大学で78.2％、専門大学で97.8％が私立に在籍している[15]。

延世大学（ソウル市、2009年11月、筆者撮影）

　韓国の高等教育を構成する主要な機関類型に着目して拡大状況を整理す

表3-1 韓国における高等教育拡大状況

年		1970	1980	1990	2000	2012
機関数 (校)	短期高等 教育機関	56	139	117	158	142
	大学	71	85	118	172	199
学生数 (人)	短期高等 教育機関	39,734	161,018	323,825	913,273	769,888
	大学	146,414	402,979	1,056,126	1,686,305	2,122,747
	(私立比)	(75.4)	(71.5)	(74.4)	(76.7)	(77.5)
	大学院生	6,640 (6,122)	33,939 (29,901)	86,911 (72,417)	229,437 (197,436)	329,544 (267,232)

注：英語名称でJunior Collegeを短期高等教育機関、University (& College) を大学としている。ただし、1990年及び2000年のTeacher's Collegeは4年制なので大学に含めている。遠隔大学（放送通信大学、サイバー大学）、産業大学（開放大学）、技術大学は含まない。大学院生数の（ ）内は修士課程大学院生数。
出典：Korea Statistical Yearbook 各年版より筆者作成。

ると表3-1のようになる。この表には、産業大学、技術大学、それから大きな学生数を擁する遠隔大学は含まれていないものの、1970年代以降のおおよその量的状況について把握することができるだろう。機関数は全体として増加傾向にあるが、1970年代には短期高等教育機関が増えたのに対して、1990年代には短期高等教育機関と大学がともに大きく増加し、2000年代に入って以降は、短期高等教育機関が減少に転じる一方、大学は依然として増えている。学生数についてみれば、1970年代、1980年代にも増加しているが、1990年代にはそれらを上回る規模で大きく拡大したことがわかる。2000年代になると、短期高等教育機関の学生数が減少したのに対して、大学の学生数は継続的に増加している。大学の学生総数に占める私立機関の学生数の比率はおおよそ75%前後で推移している。

なお、2012年には放送通信大学、産業大学、技術大学の学生数がそれぞれ36.9万人、9.6万人、0.02万人であった[16]。表3-1に示した短期高等教育機関及び大学の学生数とあわせて、同年の大学教育は全体として約336万人という規模になっている。

大学院は、大学、産業大学、教育大学、遠隔大学などに設置され、主たる教育目的に応じて一般大学院、専門大学院、特殊大学院の3種類に分けられ

る。一般大学院は学問の基礎理論と高度な学術研究を、専門大学院は専門職業人材の養成を目的としている。そして特殊大学院は、一般成人の継続教育が主たる目的である。なお、大学院のみを置く大学院大学も存在している。大学院課程は大きく修士課程と博士課程に分けられ、一般大学院には両者が設置可能だが、特殊大学院では修士課程を置くとされ、専門大学院では基本は修士課程としつつ条件が合致すれば博士課程も設置することができるとされている[17]。

　大学院生数は継続的に増加してきたが、とくに1990年代に大きく拡大し、2000年代に入っても依然として増加傾向にあることが確認できる（表3-1）。

3．高等教育改革の動向

　1980年代に教育政策の転換が図られて以降、韓国では高等教育に関して次のような改革が進められてきた。

　まず、大学の自律性の強化（運営自主権の拡大）が進められた。1980年代には民主化・自由化路線のもと、大学で自治権回復要求が高まり、教授会構成員による学長選挙の実施、教授会機能の強化、入学者選抜における大学独自試験の実施、私立大学の授業料に対する政府の規制の緩和、教授任期制の撤廃などが求められた[18]。1990年代には、学科別入学定員制の廃止、編入学・転学科の大幅緩和、大学設立認可基準の大綱化などが進められた[19]。2000年7月には「国立大学発展計画案」が発表され、大学の意思決定・管理運営体制の改革として、総長の自律的な大学運営ができる体制の確立、教育部内の「総長候補者選出委員会」による総長の選出、地域社会の有識者を加えた「大学評議委員会」の設置、国立学校特別会計制度の導入などが謳われた。また、2000年代に入って国立大学改革が議論される中で国立大学法人化の検討も進められ、2007年韓国では初の国立大学法人である蔚山科学技術大学が誕生した。そして、2011年にはソウル大学が法人化された[20]。

　また、重点的財政支援としては、1999年に始まった「頭脳韓国（Brain Korea）21世紀事業」（通称「BK21」）がある。これは、1999年から2005年まで

の7カ年計画で、4分野（①科学技術、②人文社会科学、③地方大学育成、④特定分野育成）を対象に公募方式によりプロジェクト拠点を設置するものであり、4分野のうち③を除き、いずれも「世界水準の大学院」育成が目的とされている。そのため、ベンチマーキング大学及びそれに準じる大学を指定して研究協力関係を結ぶ方式がとられるとともに、「大学院中心大学」への移行措置として、(1) 学部定員の削減、(2) 他大学出身者の受け入れ増加（50%以上）、(3) 教授の評価と昇進・昇給のリンク、(4) 入試制度の改善が研究費配分の条件として課され、総事業費の70%程度を若手研究者の育成に充てることが求められた[21]。2005年までの第1期の成果として、政府の報告書では、大学院生の海外研修、研究の量的・質的向上、研究中心大学育成の制度的基盤整備が挙げられた[22]。2006年から2012年までの第2期でも、世界水準の研究中心大学育成と次世代研究者の育成に重点が置かれていた。ただし、拠点数が増やされ、1拠点あたりの配分額は減少した[23]。2007年には人文科学の振興をめざす「人文韓国（Humanities Korea）」事業が始まった。そして、2008年には「世界水準の研究中心大学（World Class University）育成」事業が始まった。これは世界水準の高級研究人材を韓国の大学に招致することを目的とするものである[24]。こうした教育研究の高度化をめざす重点支援とは別に、地方大学の活性化を図る「地方大学育成事業」（NURI）が、BK21の取り組みをふまえつつ2004年から始められた[25]。

　それから、大学評価の取り組みは1980年代にまでさかのぼることができる。1980年代には4年制大学の連合体として韓国大学教育協議会、専門大学の連合体として韓国専門大学教育協議会が設立され、これらの協議会が大学評価事業を試験的に始めた。韓国大学教育協議会は約10年の試行を経て、1994年に「大学総合評価認定制」をスタートさせ、これにより大学による自己評価と韓国大学教育協議会に併設された委員会による外部評価を組み合わせた評価が始められた。「大学総合評価認定制」は第1期評価（1994～2000年）、第2期評価（2001～2005年）と2度実施された後廃止となり、2007年には「自己点検・評価」と第三者評価機関による評価・認証を基盤とする体制へと移行した。現在は、「高等教育法」の改正にもとづき、各大学において

「自己点検・評価報告書」を作成して公表するとともに、関連情報を義務的に公表するしくみになっている[26]。第三者評価機関による評価は、それを受けるかどうかは大学の任意とされているが、評価結果や認証の有無を政府が財政支援に反映できることが法的に定められており、実際には受けざるを得ないようになっている[27]。

　大学院教育に目を向けると、韓国の大学院はその形成当初からアメリカの制度の影響を受けており、1975年にはいわゆる論文博士制度が廃止されて、課程制大学院制度が整えられた[27]。1980年代以降は、社会の高度化・多様化に対応して、教育の多様化も進められてきた。まず学術的な大学院としての一般大学院に加えて、専門職業人材の育成を図る専門大学院、生涯学習体系の一部として継続教育を実施する特殊大学院が類別化された。また、修士課程、博士課程がそれぞれ分離して設置される通常の形式以外に、一貫型の課程や学位の授与を目的としない研究課程の設置が認められるようになった[28]。同時に、上述したBK21などによる重点的支援を通じて大学院教育の高度化が図られている。

　大学の運営自主権拡大に対応して、教育部は2001年度から、大学院の入学定員管理を緩和し、総定員の枠内で大学が自由に学科の新・増設を行うことを認めるようになった。また、学事面での弾力的運用を保障し、あわせて大学院評価事業を通じて大学院教育の質的卓越性を確保しようとしている[29]。

　このように、韓国では、大学院教育を含む高等教育全体の量的拡大と質の向上をめざす施策が進められている。それでは、高等教育の「入り口」ではどのような選抜方法がとられているのだろうか。次の2つの節ではそれぞれ大学入学者選抜と大学院入学者選抜を検討する。

4．大学入学者選抜制度

　本節では、大学入学者選抜制度の状況について検討する。

　韓国では、大学入学者選抜方法の改革・見直しが頻繁に行われてきた。先行研究による整理（**表3-2**）を参照しつつその変遷をたどると、次のようにま

表3-2 韓国における大学入試制度の変遷（1945～2001年）

年度	制度
1945-1953	大学別単独試験
1954	大学入学国家連合考査
1955-1961	大学別試験または無試験と内申成績との平行
1962-1963	大学入学資格国家考査
1964-1968	大学別単独試験
1969-1980	大学入学予備考査と大学別本考査との並行
1981	大学入学予備考査と高校内申成績との並行
1982-1985	大学入学学力考査と高校内申成績との並行
1986-1987	大学入学学力考査と、高校内申成績と論述（小論文）との並行
1988-1993	大学入学学力考査と、高校内申成績と面接との並行
1994-1996	大学修学能力試験と、高校内申成績と大学別考査との並行（大学別の自律的決定）
1997-2001	大学修学能力試験と、生活記録簿と大学別考査との並行（無試験）

出典：金泰勲「韓国」石井光夫『東アジアにおける「入試の個性化」をめざした大学入試改革の比較研究』（平成18年度文部科学省先導的大学改革推進委託事業「受験生の思考力，表現力等の判定やアドミッションポリシーを踏まえた入試の個性化に関する調査研究」報告書第2分冊 研究代表者：石井光夫）東北大学、2007年、107頁より一部抜粋。

とめることができる。

　まず、1945年から1953年までは各大学が単独で入学試験を実施した。国語、英語、数学、社会の4科目が必修科目で1科目以上が選択科目とされた。1954年には、不正行為の防止を目的として国家連合考査が実施されたが、学生の負担になることから、1955年からは各大学での入学試験が復活するとともに、高校時の成績にもとづく無試験入学制がとられた。そうした選抜方法によって管理上の混乱や高校教育での学習内容の偏りといった問題が生じ、1962年には大学入学資格国家考査が導入された。この試験は、資格試験的機能と選抜試験的機能をともに備えたものだった。1964年には再び各大学による単独実施方式がとられるとともに、筆記試験のほか、適性検査や身体検査、面接といった方法を用いて選抜が行われるようになった[30]。

　全国的な学力試験として「大学入学予備考査」が実施されるようになった1969年には、その試験と大学ごとの本考査の2段階で合格者が決定される制度が導入された。このとき、予備考査を導入する意図としては、(1) 私学の

韓国の学習塾街（ソウル市、2014年9月、筆者撮影）

水増し入学の防止、(2)大学間格差の是正、(3)国の経済発展計画に関連づけられたマンパワーの計画養成、(4)高校教育の正常化などがあった[31]。「大学入学予備考査」は、私立大学を含むすべての大学進学希望者が対象とされ、本考査への出願資格試験的な意味合いを持っていた。この試験で大学入学総定員の150〜200%を選抜し、本考査の成績を中心に入学者の選抜が行われた。1980年代に入ると、学習塾や家庭教師への依存に対する弊害が指摘され、それらを禁止する措置がとられたことに伴って、大学別の本考査が廃止され、予備考査と高校の内申成績によって合否が決定されるようになった。多くの大学では予備考査の成績を70%、高校内申の成績を30%とした[32]。

　1980年代後半には、それまでの選抜方法に対する批判が高まった。それは、(1) 大学の独自性が発揮できない、(2) 私立大学の自由を奪う、(3) 高校間格差が存在することにより内申書は信頼性に欠けるなどであった[33]。そこで、1994年から、科目ベースでなく大学での修学能力を測る試験として大学修学能力試験が導入されるとともに、大学別の学力考査が復活して、高校内申成績もあわせて合否の決定が行われることになった。大学修学能力試験は、「言語」、「数理探究」、「外国語」の3領域の基礎能力を問うものであり、教科学習における学力以外の要素を取り入れて大学が必要とする者を選抜するとともに、高校教育を正常化させることをめざすものだとされた[34]。1994年にはまた、特異な才能を持つ学生や社会的に恵まれない層に含まれる学生などを対象とする特別選考が導入された。1997年には国公立大学で大学別考査が再度廃止になり、私立大学でもそれが廃止された2002年以降は、大学修学能力試験の成績と、高校での学習成績や教科外活動（社会活動、奉仕活動、

受賞経歴など)について記した「総合学生生活記録簿」、それから面接や論述試験(小論文)が判定基準に用いられるようになった[35]。

2004年度からは大学修学能力試験の出題領域が5つから7つへと拡大された。やや古いが、2009年度の同試験の科目構成は**表3-3**のようになっていた。

なお、2004年に発表された「2008年度以降の大学入学改善案」では、合格者決定における「総合学生生活記録簿」の反映比率の向上や大学修学能力試験の反映比率の低下が謳われていた[36]。選抜に用いられる資料のそれぞれの比重は各大学が決定するが、学力試験を主とする選抜方法(一般選考)において、高校段階での成績や活動の成果が取り入れられ、その比重を高めようとする方向で改革が進んでいたことが看取される。

また、2008年度にはこの試験の成績表示を9段階等級のみとする改革が行われたが、選抜機能を低下させたとの批判を受けて1年だけの実施でもとに戻された[37]。

一方で、1994年に導入された特別選考は、大学の自主性を高め、高校卒

表3-3 大学修学能力試験の概要(2009年度)

領域		出題科目	試験問題数
言語		言語	50
数理(A、B選択)	A	数学Ⅰ、数学Ⅱ、選択	30
	B	数学Ⅰ	30
社会探求		倫理、国史、韓国地理、世界地理、経済地理、韓国近・現代史、世界史、法と社会、政治、経済、社会・文化(4科目以内選択)	科目当たり20
科学探求		物理Ⅰ、化学Ⅰ、生物Ⅰ、地球科学Ⅰ、物理Ⅱ、化学Ⅱ、生物Ⅱ、地球科学Ⅱ(4科目以内選択)	同上20
職業探求		農業情報管理、情報技術基盤、コンピューター一般、水産・海運情報処理、農業理解、農業基礎技術、工業入門、基礎製図、産業経済、会計原理、水産一般、海事一般、海洋一般、人間発達、食品と栄養、デザイン一般、プログラミング(3科目以内選択)	同上20
外国語(英語)		英語	50
第2外国語/漢文		ドイツ語Ⅰ、フランス語Ⅰ、スペイン語Ⅰ、中国語Ⅰ、日本語Ⅰ、ロシア語Ⅰ、漢文	30

出典:馬越徹『韓国大学改革のダイナミズム—ワールドクラス(WCU)への挑戦』東信堂、2010年、172頁。

業生の多様化に対応しようとした選抜方法であるとみなすことができる。こ
れは、大学が自らの教育目的にもとづき、特別の能力を持つ者などを対象と
して、教科学力以外の要素を取り入れ、多様な評価とルートを通じて選抜し
ようとするものである。具体的な対象は、農・漁村地域出身者、特別支援教
育対象者、在外韓国人、外国人、職業高校・特性化高校[38]出身者、有職者な
ど非常に多様である[39]。やや古いデータだが、2005年度、特別選考を通じて
募集選抜が行われた新入生は大学入学者総数の36.6％を占めていた[40]。**表3-4**
は、2012年度特別選考における類型を整理したものである。

特別選考のうち、ソウル大学では2005年度から1つのカテゴリーとして地
域均衡選抜が実施されるようになった。これは、入学者が特定高校の出身者
に偏らないよう、教育環境に恵まれない地域の学生に対して、一定の水準に
達していれば生活態度、学業背景、潜在能力などを総合的に評価することに
よって、同大学への入学機会を与えることを目的とした選抜方法である。
2005年度には、同大学における全募集定員の3分の1弱がこの選抜に配分さ

表3-4 随時募集特別選考の類型内訳（2012年度）

選考類型	実施校数	募集定員	割合
特別技能者	110校	7,842人	6.61％
大学独自基準	184校	79,611人	67.06％
有職者	15校	476人	0.40％
産業大学優先選抜	5校	236人	0.20％
特性化高校	7校	811人	0.68％
農漁村出身者対象（定員外）	148校	10,047人	8.46％
特性化高校出身者対象（定員外）	135校	9,978人	8.41％
障害のある者対象（定員外）	47校	827人	0.70％
海外在住韓国民と外国人対象（定員外）	104校	4,283人	3.61％
生活保護受給者と潜在的貧困者対象（定員外）	108校	3,871人	3.26％
契約学科（定員外）	2校	85人	0.07％
特性化高校を卒業した有職者対象	13校	619人	0.52％
西海5島出身者（定員外）	2校	29人	0.02％
	880校	118,715人	100％

原注：実施校数合計は延べ数。実際の実施校は全192校。
出典：松本麻人「韓国における高大接続プログラム」小川佳万編『東アジアの高大接続プログラム』（高
等教育研究叢書115）広島大学高等教育研究開発センター、2012年、21頁より再引用。

れた。選抜は、全国の高校から1〜2名の推薦を受け、第1次選抜で「総合学生生活記録簿」の審査を行い、その合格者について自己紹介書、推薦状、各種証明書などの書類審査によって最終合格者を決定するという手順がとられていた[41]。2012

試験に向かう受験者（ソウル市、2009年11月、筆者撮影）

年度には、この地域均衡選抜に募集定員の24%を割り当てており、募集人数710人に対して2,488人が志願した（競争倍率は3.45倍）[42]。

　入学者選抜の日程に注目すると、大きく随時募集と定時募集に分けることができる。随時募集は、大学が定める時期に行われるもので、特別選考を中心に実施される[43]。第2学期に行われる随時募集では、大学修学能力試験の成績について最低基準が設定され、それを満たした者に対して「総合学生生活記録簿」、深層面接[44]、口述試験の成績によって選抜が行われる。これに対して定時募集は、大学修学能力試験の成績と「総合学生生活記録簿」によって選抜が行われるが、大学によっては論述試験や面接が課される[45]。入学定員に占める随時募集定員の比率は高まっており、2009年には54.5%だったが、2012年度には62.1%に達している[46]。この比率は大学によって異なっており、例えばソウル大学では、2012年度の学生募集において、先述した地域均衡選抜を含む随時募集で入学者の8割を募集し、定時募集には定員の2割を充てていた[47]。

　また、2007年度入試より、新たな選抜方法として入学査定官による選抜が始まっている[48]。これは、「年間を通じて大学入試関連業務を遂行する」入学査定官が「多様な試験資料を審査、学生の潜在力及び素質を評価し、入学可否を決定する」制度である。導入の背景には、(1) 従来の選抜では、すべての評価項目が得点化されていたため、全体として点数中心主義に陥ってお

り、そのことが中学校、高校段階の教育を点数中心にし、私教育を助長してしまい、中等教育を非正常化させ、学生の人格や主体性の育成を困難な状況にしてしまっていたという反省から、この点を改めるようとしたこと、(2) 以前は入学者の選抜のみに関心が持たれ、入学後の教育に高い関心が持たれてこなかったという反省から、点数は少し低くても主体的に学ぶことのできる学生を選ぶことで大学教育を改善させられるのではないかと考えたことがある。この制度における共通選抜要素は大きく、認知的特性、情意的特性、潜在力・成長可能性・学科適応可能性からなり、このうち認知的特性には、思考力、表現力とともに適性が含まれていて、このことは選抜における大学進学適性の重視を示している[49]。入学者の選抜は、(1) 選考に関する情報の事前告知、(2) 書類審査、(3) 面接試験、(4) 合格者決定という過程となっており、入学査定官が選抜のすべての過程に関与する場合もあれば、書類審査や面接試験など一部にだけ関与する場合もある[50]。

　入学査定官制の導入状況は**表3-5**のようになっており、拡大傾向にあることがわかる。2007年度、先導的にこの制度を導入したのは、国公立大学2校（慶北大、ソウル大）、私立大学8校（カトリック大、建国大、慶熙大、成均館大、

表3-5　入学査定官制の拡大状況

年度	全支援大学	国家支援予算（ウォン）	導入大学（率）	学生数（率）
2007	10	20億	10 (5%)	254 (0.05%)
2008	40（継続10、新規30）	162億	41 (20%)	4,476 (1.2%)
2009	47（先導15、継続23、新規9）	242億	90 (45%)	24,696 (6.5%)
2010	60（先導29、優秀21、特性化10）	350億	107 (52%)	35,421 (10.1%)
2011	66（先導30、優秀20、特性化8、教員養成大学8）	351億	121 (60%)	41,762 (10.5%)
2012	66（先導30、優秀20、特性化8、教員養成大学8）	391億	123 (62%)	43,138 (11.5%)

出典：山本以和子「韓国大学入学者選抜の変容―入学査定官制導入後の展開状況」『大学入試研究ジャーナル』No.24、全国大学入学者選抜研究連絡協議会、2014年、106頁。

延世大、仁荷大、中央大、漢陽大)の計10校だった[51]。表中、先導大学、優秀大学はともに評価の高い大学であるが、そのうち先導大学は、入学査定官制を通じて募集枠全体の24.5％以上を選抜する大学であり、「特性化」(特性化募集単位運営) 大学は入学査定官制において特性化高校の募集枠を設けている大学である[52]。

　このように、韓国の大学入学者選抜においては、一方では全国型の学力筆記試験の改善が進められ、他方ではそれのみによらない多様な指標を用いた選抜の導入、拡大が図られてきた。後者でより強調されるようになっているのは、高校段階での活動の成果である。同時に、各大学の自律性が謳われ、「一般選考及び特別選考の方法、学生選抜の日程及びその運用に関して必要な事項は大統領令で定める」(「高等教育法」第34条) と規定されてはいるものの、政府が直接的に関与するのではなく、大学の連合体である韓国大学教育協議会がある程度の方向性を示しつつ、その中で各大学が自らにふさわしい学生を選ぶしくみが構築されている。もっとも、韓国ではこれまで歴代の政権が大学入学者選抜の改善に力を入れてきたのも確かである。

5．大学院入学者選抜制度

　続いて、大学院、とくに修士課程の入学者選抜方法に目を向けよう。ここでは一般大学院の入学者選抜に主として焦点を当てる。

　韓国では従来、修士課程の入学者選抜は、筆記試験、面接試験の成績、身体検査の結果、学士課程段階の学業成績などを用いて行われていた。1980年代半ばの調査結果によれば、大学院の入学者選抜で筆記試験を採用している大学は全体の88％を占め、面接試験を採用している大学が60％、指導教員の推薦を求める大学が27％、専門分野の成績を用いている大学が24％となっており、多くの大学では複数の方法が組み合わされていた。筆記試験の科目についてみると、専門科目、英語、第2外国語が課されている大学の比率はそれぞれ77％、82％、33％となっていた[53]。学士課程段階の学業成績や指導教員の推薦もあるものの、「一般的にはやはり完全に筆記試験の成績にもとづ

いていた」⁵⁴。現在は、こうした従来の状況とはやや異なっている。

　まず実施体制を確認しておくと、教育部（中央教育行政部門）は個別大学・大学院の入学者選抜には直接的には関与せず、基本的に大学（募集単位）の自主性に任せることになっている。機関レベルでは、大学院委員会が設置され、この委員会が入学を含む大学院に関する全学的な事項を審議している。大学院委員会と全学レベルの大学院入学者選抜担当部署が実際に果たす役割は大学によって必ずしも同じではないようだが、これら全学的組織と各募集単位との関係からすれば、後者は選抜基準の決定と選抜の実施を行い、それ以外、つまり全学的方針や日程の決定、広報、出願受付、受験料の徴収、合格者の確定、合格者発表などは前者の全学レベルで行われている。選抜の日時は出願や合格者発表のタイミングによって決まってくるところがあり、そのため、同一大学内では選抜は時期的におおよそまとまって行われることになる[55]。

　選抜は年2回（前期、後期）行われ、募集定員がそれぞれに配分されている。それぞれの回での選抜のしかたはほぼ同じであり、複数回の実施によって多様な学生の確保をめざすというような意図はないようである。

　選抜方法は大学や募集単位によって多様である。例としてソウル大学の2013年度前期選抜を見てみよう。この選抜では、2012年10月16日から19日がインターネットによる出願の期間で、22日までに書類を提出することが求められた。23日以降に面接・口述試験、筆答（実技）考査が行われ、第1次・第1段階選抜の合格発表が31日以降募集単位の所属大学（院）でなされる。その後第2外国語の試験が11月3日に実施され、同日中に合格者が発表されるという日程になっていた[56]。提出書類は、入学願書がインターネット入力となっているほか、自己紹介書及び修学計画書、学士課程全学年成績証明書、それからTOEFL成績原本が共通に求められ、募集単位によってはこれ以外に指導教員の推薦書や研究成果など追加書類の提出を課すこともある。TOEFL成績原本の提出が求められるのは、出願資格として学士学位取得に加えてTEPS（The Test of English Proficiency）[57]またはTOEFLで一定以上の成績を収めていることが条件となっているためである。英語の要求水準は募集

単位によって異なっている。

　ソウル大学における募集単位ごとの選抜方法と配点を整理したのが**表3-6**である。この表から、1つの段階で選抜を行ったり段階を2つに分けたりしている点でも多様であること、また各募集単位の選抜方法が、面接・口述試験と書類審査を中心としつつも多様な組み合わせになっていることが看取される。

　具体的に見ると、例えば師範大学では、書類審査、筆記試験、面接試験で選抜が行われる。このうち書類審査は、第1段階として大学本部で行われ、出願条件を満たしているかどうかが確認される。この段階で不合格となる者はほとんどいない。それを経て、第2段階として筆記試験と面接試験が全員に課される。筆記試験は10問出題され、受験者は自ら希望する専攻の問題1問を含む3問に解答する。面接は教員3人で行い、受験者1人につき10分程度で実施され、志望動機や専門に関する知識などが問われる。筆記試験と面接試験はいずれも100点満点で評価され、どちらかが60点未満だと合格できない[58]。また、人文大学（言語学科）では、書類審査と面接試験を行った後、受験者を（1）筆記試験免除での合格、（2）筆記試験の対象、（3）不合格に分けるとされる。面接試験では、応募の動機とともに、関連分野における幅広い知識の有無が確認される。筆記試験には、専門の試験と第2外国語の試験が含まれる。この第2外国語の試験はソウル大学全体で共通の問題が用意されている[59]。さらに、社会科学大学社会学科では書類審査と面接試験で選抜される。書類審査は英語の成績と志願書について行われ、受験者のほぼ全員が合格となり面接試験に進む。面接試験は、自己紹介と研究計画書をもとに行われ、学習動機、社会学的知識と将来的な可能性などが重視されている。この学科では、専攻科目の試験は2003年に、第2外国語の試験は2009年に廃止され、筆記試験は課されていない[60]。

　高麗大学の2013年度前期選抜をみると[61]、出願は2012年10月8日から12日の間にインターネットで行い、10月15日から19日までの間に書類を提出することが求められていた。その後書類審査が行われるとともに、11月10日に口述試験が実施され、合格発表は12月6日であった。提出書類には、イ

表3-6　ソウル大学大学院課程の選抜方法（2013年度前期）

大学(院)	区分			選考総得点	英語	専攻筆答考査	面接及び口述考査	書類審査	第2外国語(科落適用)	実技考査(作品評価)
人文大学	1次選抜			200			120	80	(100)	
	2次選抜			400	200		120	80		
社会科学大学	修・統	経済学部 社会福祉学科 言論情報学科	1段階	100	100					
			2段階	200		100	100	参考資料		
		その他募集専攻		200			100	100		
自然科学大学	修・統	(統合) 数理科学部		100		50		50		
		化学部	1段階	50				50		
			2段階	50			50			
		その他募集専攻		100			50	50		
看護大学	修・統			150			50	50		
経営大学	修士	1次選抜		200				200		
		2次選抜		200			80	120		
工科大学				200			100	100		
農業生命科学大学				200			100	100		
美術大学	修・統	美術経営専攻	1段階	50				50	(100)	
			2段階	200			150	50		
		その他募集専攻		200		50	50	参考資料		100
法科大学	修・統	法学科	1次選抜	200			60	140		
			2次選抜	200		200				
		知的財産専攻		400			100	300		
師範大学	I			200			100	100		芸術科の場合面接に反映
	II			200			100	100	参考資料	(100)
	III	1次選抜		200			100	100	(100)	
		2次選抜		200		100	100			
	IV			200		100	50	50		
	V			200		60	140			

第3章　韓国における大学及び大学院の入学者選抜

大学(院)	区分			選考総得点	英語	専攻筆答考査	面接及び口述考査	書類審査	第2外国語(科落適用)	実技考査(作品評価)
生活科学大学	I			200		100	60	40		
	II			200			140	60		
獣医科大学				200		200	等級化	参考資料		
薬学大学				200			160	40		
音楽大学				200			等級化	参考資料	(100)	200
医学大学	I			250	50		等級化	200		
	II			250	50	200	等級化	参考資料		
歯医学大学				200			150	50		
保健大学院	修士	1段階		200				200		
		2段階		400			200	200		
行政大学院	修士	1部	1次選抜 1段階	200	100			100		
			1次選抜 2段階	300	100		100	100		
			2次選抜	300	100	200				
		2部	1段階	200	100			100		
			2段階	300	100		100	100		
環境大学院	修士	環境計画学科		500		100	250	150		
		環境造景学科				100	320	80		
国際大学院	修士	1段階		200	100			100	(100)	
		2段階		200			200			
融合科学技術大学院	融合科学部	1段階		50				50		
		2段階		50			50			
	分子医学及びバイオ製薬学科			100			50	50		

注：表中の「修・統」は「修士・統合」の略で、統合は修士・博士統合課程を意味する。
出典：京都大学国際交流推進機構国際交流センター/国際企画連携部門『平成24年度グローバル30事業留学生渡日前入試選抜の導入検討に関する調査・研究』京都大学国際交流推進機構国際交流センター/国際企画連携部門、2013年、185〜192頁に訳出されている「2013年度ソウル大学大学院新入生前期募集案内」より一部抜粋して筆者作成。

高麗大学（ソウル市、2009年11月、筆者撮影）

ンターネット入力による入学志願書のほか、卒業（予定）証明書、成績証明書、研究計画書、公認英語成績表、それから各募集単位が求める書類が含まれる。ただし、公認英語成績表は所持者のみ原本提出が求められており、出願資格に関しても、ソウル大学のように英語が一定の水準に達していることは必ずしも条件となっていない。選抜方法としては、書類審査と口述試験の結果で合否を決める学科が多い。例えば、文科大学言語学科では書類審査と口述試験で選考が行われ、まず書類審査で、合格、不合格、面接対象者に分けられる。続く口述試験は学科長を含む3人で行い、やる気や学科の理解度、基礎知識・語学力が判断される[62]。

このほか、梨花女子大学ではほとんどの学科が書類審査と面接試験のみで合否を決定している。ただし、それらの組み合わせ方は学科によって異なる。すなわち、ある学科では書類審査と面接試験の配点を定めて両者の総合成績で合否を決めるのに対して、別の学科は第1次選抜として書類審査を行い、その合格者に対して第2次選抜として面接試験を課すという具合である。筆記試験はごく一部の例外を除いて実施されていない[63]。一方で、全北大学では、特別選考と一般選考が行われており、前者でほぼ定員の8割を決定する。特別選考は書類審査と口述試験で選抜するのに対して、後者の一般選考では学科ごとに専門科目（4科目程度）の筆記試験を実施して合格者を決定する[64]。

限られた事例ではあるが、以上から、大学院入学者選抜では、全学的に大きな枠組みが定められたうえで各募集単位がそれぞれの選抜方法を決めていること、筆記試験の重要性が低いことなどがわかる。後者の選抜方法について言えば、出願時に英語（外部試験）の成績を求めることも珍しくはなく、

また面接試験（口述試験）の結果が比較的重視されている。

6．韓国における大学入学者選抜及び大学院入学者選抜の特徴

　ここまで、韓国における大学入学者選抜と大学院入学者選抜の状況について検討してきた。両者の選抜を比較的に検討すれば、次のような点を指摘することができる。

　共通点としては、第1に、教育部（中央教育行政部門）の役割が相対的に小さいこと、学内では全体の調整・確認を行う全学組織があることが挙げられる。政府と大学との関係からすれば大学の自律性が確保される一方、学内においては全学組織による調整が行われている。これと関連して第2に、具体的な選抜方法については各大学（募集単位）で決められるようになっている。そして第3に、大きな流れとして学力筆記試験を重視する選抜から、それ以外の多様な方法を用いた選抜への移行が見られる点がある。それとともに、提出書類の審査や面接試験・口述試験の比重が高まっている。

　一方、大きく異なる点としてはまず、大学の自主性の程度がある。大学入学者選抜では韓国大学教育協議会という大学の連合体が全体の調整を行っているのに対して、大学院入学者選抜ではそうした仲介的な組織もなく、大学、そして個々の募集単位がかなり大きな自主性を発揮している。また、選抜方法に着目すると、大学入学者選抜では一般選考、特別選考という方法の異なる種類の選抜が行われているのに対して、大学院入学者選抜では、一年に2回選抜が行われるものの、多くの場合、その選抜方法に大きな違いは見られない。

　全体として見れば、大学の自主権の拡大とともに、学力筆記試験以外の書類審査や面接試験がより重視される選抜方法への移行、あるいはそうした選抜の拡大が看取される。そして、実施体制としては教育部（中央教育行政部門）の役割は小さく、全学組織が学内全体を調整しつつ実施するようになっている。

注

1. 文京洙『韓国現代史』(岩波新書) 岩波書店、2005年、82頁。
2. 馬越徹「韓国 ── 教育先進国への道」馬越徹編『現代アジアの教育 ── その伝統と革新』東信堂、1989年、112頁。
3. 倉田秀也「分断以降の韓国政治史」国分良成編著『現代東アジア ── 朝鮮半島・中国・台湾・モンゴル』慶應義塾大学出版会、2009年、88頁。
4. 小林孝行「コリアの近代化と国際関係」小林孝行編『変貌する現代韓国社会』世界思想社、2000年、20–21頁。
5. 文、前掲書、2005年、189–191頁。
6. 馬越、前掲論文、1989年、124頁。
7. 以上の、アメリカ軍政期から1980年代にかけての記述にあたっては、馬越、同上論文、107–127頁、馬越徹「韓国」権藤與志夫編『21世紀をめざす世界の教育 ── 理念・制度・実践』九州大学出版会、1994年、29–45頁などを参照した。
8. 1990年代以降の記述については、金子満・松本麻人「韓国」文部科学省生涯学習政策局調査企画課『諸外国の教育改革の動向 ── 6か国における21世紀の新たな潮流を読む』ぎょうせい、2010年、286–288頁を参照した。
9. 馬越徹『韓国近代大学の成立と展開 ── 大学モデルの伝播研究』名古屋大学出版会、1995年、174–175頁。
10. 馬越、同上書、267–268頁。
11. 馬越徹「韓国 ── 『世界水準』に向けての高等教育改革」馬越徹編『アジア・オセアニアの高等教育』玉川大学出版部、2004年、39–40頁。
12. 馬越徹『韓国大学改革のダイナミズム ── ワールドクラス(WCU)への挑戦』東信堂、2010年、33–34頁。
13. 本章で主として依拠している「高等教育法」は、馬越、同上書、2010年、246–266頁に訳出されている第15次改正版(2009年1月30日)である。
14. 馬越徹「韓国高等教育の構造改革」馬越徹編『アジアの高等教育』(大学研究ノート第69号) 広島大学大学教育研究センター、1987年、53頁。
15. 文部科学省『文部科学統計要覧(平成26年版)』エムア、2014年、207頁による。
16. 同上。
17. 馬越、前掲書、2010年、188–189頁。
18. 馬越、前掲論文、1994年、43頁。
19. 馬越、前掲書、2010年、44–45頁。
20. 井手弘人「韓国 ── 競争環境の再編と大学評価情報公開・活用の強化」北村友人・杉村美紀共編『激動するアジアの大学改革 ── グローバル人材を育成するために』上智大学出版、2012年、55–56頁。
21. 馬越、前掲論文、2004年、42–43頁。
22. 馬越、前掲書、2010年、83頁。

23　馬越、同上書、84–85頁。
24　馬越、同上書、86–93頁。
25　馬越、同上書、97–114頁。
26　馬越、同上書、213–237頁、井手、前掲論文、2012年、60–64頁、石川裕之「韓国における大学教育の質保証 ── プロセス管理の変革と学習成果アセスメント導入のインパクト」深堀聰子編『アウトカムに基づく大学教育の質保証 ── チューニングとアセスメントにみる世界の動向』東信堂、2015年、251–293頁。
27　石川、同上論文、261頁。
27　馬越、前掲書、2010年、187頁。
28　馬越、同上書、185頁。
29　馬越、同上書、209頁。
30　孫啓林『戦後韓国教育研究』江西教育出版社、1995年、301–303頁。
31　馬越、前掲書、1995年、248–249頁。
32　金泰勲「韓国」石井光夫『東アジアにおける「入試の個性化」をめざした大学入試改革の比較研究』(平成18年度文部科学省先導的大学改革推進委託事業「受験生の思考力, 表現力等の判定やアドミッションポリシーを踏まえた入試の個性化に関する調査研究」報告書第2分冊　研究代表者:石井光夫) 東北大学、2007年、108頁。
33　馬越、前掲論文、1994年、42頁。
34　馬越、同上論文、42–43頁。金、前掲論文、2007年、108頁。
35　金、同上論文。
36　趙卿我「韓国における『『入学査定官制（Admissions Officer System)』の実態と課題」『教育方法の探究』第13号、京都大学大学院教育学研究科教育方法学講座、2010年、20–21頁。
37　松本麻人「韓国における高大接続プログラム」小川佳万編『東アジアの高大接続プログラム』(高等教育研究叢書115) 広島大学高等教育研究開発センター、2012年、18–19頁。
38　特性化高校は、特定分野の人材を養成することを目的として1998年に導入された学校類型である。専門系高校と呼ばれていた職業高校は2011年度からこの特性化高校として編成されている（松本、同上論文、37頁)。
39　金、前掲論文、2007年、111頁。
40　金、同上論文、111頁。
41　金、同上論文、112頁。
42　朴賢淑・石井光夫「韓国の大学入試改革と学力保証」『東北大学高等教育開発推進センター紀要』第8号、東北大学高等教育開発推進センター、2013年、21–22頁。
43　随時募集は、以前は第1学期と第2学期の2回実施されていたが（金、前掲論文、2007年、109頁)、2010年度入試から第1学期での実施が廃止された。
44　深層面接とは、実生活にかかわる大きな問題をその場であるいは事前に出題し

答えさせるという形式の面接を指す。こうした面接の導入は、入試の多様化の一環ととらえることもできるし、大学別の試験を復活させる動きともとらえることができる（尾中文哉「韓国における接続改革 ── 金大中入試改革の理念と実際」荒井克弘・橋本昭彦『高校と大学の接続 ── 入試選抜から教育接続へ』玉川大学出版部、2005年、325–326頁）。

45　金、前掲論文、2007年、110頁。
46　松本、前掲論文、2012年、20頁。
47　朴・石井、前掲論文、2013年、21頁。
48　この入学査定官による選抜は、2015年度より「学生生活記録簿総合選考」に名称変更されている（日本比較教育学会第51回大会（宇都宮大学、2015年6月14日）課題研究Ⅰにおける松本麻人氏の資料「韓国の大学入試改革」による）。
49　趙、前掲論文、2010年、20頁。
50　朴・石井、前掲論文、2013年、19頁。
51　山本以和子「韓国大学入学者選抜の変容 ── 入学査定官制導入後の展開状況」『大学入試研究ジャーナル』No.24、全国大学入学者選抜研究連絡協議会、2014年、106頁。なお、この論文の107頁には、表3として2012年度に入学査定官制支援事業に参加した大学が整理されている。
52　同上論文、107頁。
53　孫、前掲書、1995年、380頁。
54　同上。
55　以上の内容は、2012年12月28日にソウル大学師範大学教育学科及び梨花女子大学で行った聞き取り調査にもとづく。対応くださったソウル大学師範大学教育学科のHan学科長、Lee女史、梨花女子大学のYu女史、また調査に同行いただいた石川裕之氏（畿央大学）には改めて感謝申し上げたい。なお、聞き取り調査の内容は、南部広孝『東アジア諸国・地域における大学院入学者選抜制度の比較研究』（平成22年度〜平成24年度科学研究費補助金（基盤研究（C）、課題番号22530915）研究成果報告書　研究代表者:南部広孝）京都大学大学院教育学研究科、2013年、99–106頁に資料4として収載している。
56　「2013年度ソウル大学大学院新入生前期募集案内」京都大学国際交流推進機構国際交流センター/国際企画連携部門『平成24年度グローバル30事業　留学生渡日前入試選抜の導入検討に関する調査・研究』京都大学国際交流推進機構国際交流センター/国際企画連携部門、2013年、185–192頁による。
57　TEPS（The Test of English Proficiency）は、ソウル大学によって開発された、聴解力、文法、語彙、読解力を測る（会話・口頭表現は含まれない）高等教育レベルの英語能力試験である（河合淳子・韓国調査班「韓国の大学院入試制度と大学院教育について」京都大学国際交流推進機構国際交流センター/国際企画連携部門、同上書、2013年、27頁）。
58　南部広孝「国立ソウル大学師範大学教育学科（韓国出張報告）」南部、前掲書、2013年、99–102頁。

59 「訪問調査記録(韓国)No.6」京都大学国際交流推進機構国際交流センター/国際企画連携部門、前掲書、2013年、216頁。
60 「訪問調査記録(韓国)No.4」京都大学国際交流推進機構国際交流センター/国際企画連携部門、同上書、215頁。
61 高麗大学校大学院「2013年度大学院前期学生募集案内」京都大学国際交流推進機構国際交流センター/国際企画連携部門、同上書、199–205頁。
62 「訪問調査記録(韓国)No.5」京都大学国際交流推進機構国際交流センター/国際企画連携部門、同上書、215–216頁。
63 南部広孝「梨花女子大学(韓国出張報告)」南部、前掲書、2013年、102–106頁。
64 石井光夫「全北大学(実地調査記録)」石井光夫『拡大・多様化する大学院の入試の在り方に関する研究』(平成21〜23年度日本学術振興会科学研究補助金(基盤研究(C)、課題番号21530820)研究成果報告書　研究代表者:石井光夫)東北大学高等教育開発推進センター、2012年、98–99頁。

第4章　日本における大学及び大学院の入学者選抜

1．歴史的・社会的背景と教育政策の変遷

　日本は、1945年8月に終戦を迎えて以降、連合国の占領下に置かれ、実質的にはアメリカの政策によって支配された。その中核となった連合軍総司令部（GHQ）によりまず非軍事化政策が行われ、続いて労働組合結成の奨励や財閥解体・農地改革を含む「経済民主化」、学校教育の民主化、婦人解放などが進められた。また、1946年11月3日に「日本国憲法」が公布され、翌年5月3日に施行された。政治的には、戦後設立された政党が離合集散を繰り返しながら、経済の復興・再建がめざされた。

　1950年代に入ると、1952年4月のサンフランシスコ講和条約の発効（調印は1951年9月）により占領に終止符が打たれたが、講和・安保・再軍備や占領政策の見直しなどをめぐって混乱した。1955年には、社会党の統一と保守合同によっていわゆる「55年体制」が作られた。これは実質的には、自由民主党による保守長期政権を保障する体制となった。1950年代後半には、治安対策の強化が図られるとともに、日米安保条約改定について大きな反対運動が起きたが、1960年に国会で承認された。その後政策の重点は経済成長に置かれた。1950年6月に勃発した朝鮮戦争がもたらした特需ブームや、1950年代半ばにおける高度経済成長をめざす経済計画の策定などもふまえて、1960年には「国民所得倍増計画」が閣議決定され、経済成長に向けた施策がとられた。1960年代半ばにいったん景気の落ち込みがあったものの、1960年代後半には再び高度成長が続いた。またこの間、国際社会との関わりも深まった。1956年には国際連合に加盟し、1964年には経済協力開発機

構（OECD）にも加盟した。

　1970年代には、列島改造論などをもとに引き続き積極的な財政投資が行われる一方、変動相場制への移行による円高や2度にわたる石油危機（オイルショック）によって経済は大きく揺さぶられた。ただし、企業の経営努力もあって輸出主導の景気回復がみられ、世界的に「経済大国」としての存在感を示すようになった。

　1980年代になると、行財政改革が唱えられ、規制緩和や補助金の削減などを通じて「小さな政府」を目標とする行政改革が進められた。その一方で公共投資拡大や金融緩和、円高・原油安などによって、1980年代後半にはいわゆるバブル景気となった。1990年代に入ると景気の後退が起きてバブル崩壊が生じ、日本経済は大きく落ち込んだ。その後、非正規雇用の増加や日本的経営慣行の見直し、生産拠点の海外移転などが進み、経済・経営の状況は大きく変化した。またこの時期、自由民主党による一党支配体制の崩壊と連立政権の誕生により政治的にも不安定となった。この間、時期によって緩急は異なるものの、全体としては「小さな政府」をめざす改革、「聖域なき構造改革」が進められた。あわせて国際化、グローバル化の進展もあり、近年社会は流動性を増してきている[1]。

　社会がこのように変化する中で、教育は政治的な動向に左右されてきた。戦後すぐには、占領体制下で学校教育の民主化が図られ、1947年3月には「教育基本法」が制定された。教育の目的は「人格の完成をめざし、平和的な国家及び社会の形成者として、真理と正義を愛し、個人の価値をたつとび、勤労と責任を重んじ、自主的精神に充ちた心身ともに健康な国民の育成を期して行われなければならない」（第1条）とされ、教育の機会均等や9年間の普通義務教育、男女共学、政治的・宗教的中立性などとともに、教育は「不当な支配に服することなく国民全体に対し直接に責任を負って行われるべき」ことが定められた[2]。また同日、すべての学校種別を網羅した「学校教育法」が制定され、6-3-3-4制の単線型学校教育体系が規定された。さらに、同月には「学習指導要領」が試案として公表された。1948年7月には、公選制教育委員会を定めた「教育委員会法」が制定された。

1950年代に入るとこうした流れに変化が生じた。サンフランシスコ講和条約が調印されて間もない1951年11月、政令改正諮問委員会の「教育制度の改革に関する答申」がまとめられた。この中では、終戦後に行われた教育制度の改革には「わが国の実情に即しないと思われるものも少くなかつた」として、「わが国の国力と国情に」合うようなものに改善する必要性が謳われ、学校制度、教科内容・教科書、教育行財政、教員についての見直し内容が示された[3]。経済界からも経済発展に資する教育を求められるようになり、1950年代後半には教育委員の任命制への変更、勤務評定の実施をはじめとする教員統制の強化、学習指導要領の法的拘束性の強化などが行われた。また、後期中等教育の拡充が政策課題となった1960年代には、中央教育審議会答申「後期中等教育の拡充整備について」(1966年) の別記として、個人、家庭人、社会人、国民としてどうあるべきかを説いた「期待される人間像」が示された。社会人としては仕事に打ち込むことや社会規範を重んずることなど、国民としては正しい愛国心を持つことや象徴に敬愛の念を持つこと、すぐれた国民性を伸ばすことなどが挙げられた[4]。

　1980年代に入ると、1984年に総理大臣の諮問機関として臨時教育審議会が設置され、1987年にかけて4次にわたる答申が出された。その最終答申 (1987年8月) では、個人の尊厳、自由・規律、自己責任の原則としての「個性重視の原則」、学校中心の考えを改める「生涯学習体系への移行」、そして国際化や情報化などの「変化への対応」が謳われ[5]、これ以降、規制緩和や市場化、自由や選択を基調とした教育改革が積極的に進められた。総合学科の導入や単位制高校の設置、学校選択制の導入が行われ、21世紀に入って義務教育国庫負担制度が変更された。同時に、国家社会の形成者としての国民の育成という側面を強調する志向も見られた。2006年には「教育基本法」が改正された[6]。前文や教育の目標で公共の精神の尊重や伝統の継承に言及されるとともに、教育の目標では国と郷土を愛する態度も挙げられ (第2条)、義務教育の目的として国家及び社会の形成者として必要とされる基本的な資質の育成も明示された (第5条)。また、家庭教育や幼児期の教育に関する条文が加えられた。加えて、「教育基本法」で規定された教育振興基本計画が定

められたり、教育の成果の検証を目的とする全国学力・学習状況調査が実施されたりするようになった。

　このように、戦後の占領体制下ではアメリカの政策にしたがって新たな国の体制が整えられ、教育面でも民主化が図られたが、サンフランシスコ講和条約を締結してからはそれを「国情」にあわせる取り組みが進められた。そして1980年代以降、とくに1990年代から今日までは政治的、経済的不安定さが増す中、全体として「小さな政府」が志向されて規制緩和や自由化が進むとともに、国民育成的な要素がより強調されてきたのである。

2．高等教育制度の概要

　煩を厭わず確認しておくと、日本の現行高等教育を最も広く定義すれば、大学と短期大学のほか、中学校卒業者を受け入れ5年間の教育を与える高等専門学校の4、5年目や、高等学校卒業者を対象に職業や実際生活に必要な能力や教養の向上を図るための教育を行う専門学校が含まれる。

　制度の変遷を振り返ると、1949年に新制の教育制度が導入されたとき、高等教育は大学（国立大学69校、公立大学18校、私立大学87校）と短期大学から構成された[7]。新たな制度のもとでは短期大学制度はいずれ廃止されるものとして暫定的に存続されることになっていたが、1964年に恒久的な制度となった。また、1961年には高等専門学校が創設され、1975年には専修学校制度が導入された。1988年には、学部を置かない大学院大学が創設された。

　大学の目的は「学術の中心として、広く知識を授けるとともに、深く専門の学芸を教授研究し、知的、道徳的及び応用的能力を展開させること」（「学校教育法」第83条）であり、教育研究組織として基本的に学部が置かれている。また、大学院は現在、「学術の理論及び応用を教授研究し、その深奥をきわめ、又は高度の専門性が求められる職業を担うための深い学識及び卓越した能力を培い、文化の進展に寄与すること」または「学術の理論及び応用を教授研究し、高度の専門性が求められる職業を担うための深い学識及び卓越した能力を培うこと」を設置目的としており（同法第99条）、後者の目的のた

めに設置された大学院はとくに「専門職大学院」と称される。大学院を置く大学には研究科が設置されるとともに、大学院課程として修士課程、博士課程、専門職学位課程が置かれる。2014年時点では4年制大学が781あり、このうち修士課程を置く大学が591、博士課程を置く大学が437、専門職学位課程を置く大学が126（このうち専門職学位課程のみを置く大学が14）となっている[8]。

高等教育機関を設置形態別に見ると、2014年時点で、大学数では国立大学が86校、公立大学が92校、私立大学が603校となっており、私立大学が機関総数の77.2％を占めている。学部学生数では国立大学が44万7,338人、公立大学が12万8,878人、私立大学が197万5,806人で、私立大学に在籍する学部学生数が全体の77.4％となっている。大学院段階では、修士課程と博士課程では私立大学の占める比率はそれぞれ35.0％、24.7％で国立大学の方が優勢だが、専門職学位課程では59.6％の学生が私立大学に籍を置いている。なお短期大学では、私立が機関数で94.9％、学生数で94.6％を占めている[9]。

高等教育制度の量的拡大状況を見ると（表4-1）、日本では、1960年から

表4-1　日本の高等教育拡大状況

年度	機関数	大学・短大進学率	学部学生数	大学院生数
1960	525 (245)	10.3	601,464	15,734 (8,305)
1965	686 (317)	17.0	895,465	28,454 (16,771)
1970	861 (382)	23.6	1,344,358	40,957 (27,714)
1975	933 (420)	38.4	1,652,003	48,464 (33,560)
1980	963 (446)	37.4	1,741,504	53,992 (35,781)
1985	1,003 (460)	37.6	1,734,392	69,688 (48,147)
1990	1,100 (507)	36.3	1,988,572	90,238 (61,884)
1995	1,161 (565)	45.2	2,330,831	153,423 (109,649)
2000	1,221 (649)	49.1	2,471,755	205,311 (142,830)
2005	1,214 (726)	51.5	2,508,088	254,480 (179,573)
2010	1,173 (778)	56.8	2,559,191	271,454 (197,022)
2014	1,133 (781)	56.7	2,552,022	251,013 (177,309)

出典：文部科学省『文部科学統計要覧　平成27年版 (2015)』日経印刷、2015年、50-53頁、103頁、106頁、108-111頁より筆者作成。機関数欄の（　）内は大学数、大学院生数欄の（　）内は修士課程学生数（2005年度以降は専門職学位課程の学生を含む）。

2014年までの約半世紀で大学と短期大学あわせて機関数で2.2倍となっており、学部学生数で4.2倍になった。機関数では、大学は一貫して増加してきているが、短期大学は1990年代後半以降減少傾向にある。また大学院生数は、1990年代に大きく増加してほぼ2倍になり、2000年代に入ってからも拡大を続けた。ただし、2010年代に入って以降は機関数、学生数ともに減少傾向が見られるようになっている。

3. 高等教育改革の動向

　日本の高等教育では1990年代以降、次のような改革が進められてきた。

　まず、1991年に大学設置基準の大幅な改正、いわゆる大綱化が行われ、教育課程の編成、単位の算出方法、教員配置基準をはじめ、多くの基準が緩和された。これは、それまで大学設置基準が大学の教育課程の枠組みを細かく規定していたことに対して、各大学が自由で個性的なカリキュラムを設計しようとする際に障害になっている面があるとか、各大学による真剣な検討や改善の努力を怠らせている面があるといった指摘をふまえた措置だった。この改革では、教育課程やその前提となる単位の算出基準についての決定権が大学に与えられることになり、授業科目に関する規定が変わって教育活動に関する各大学の自由度が高まるとともに、教員組織を含めた教育条件の緩和が行われたことによって、組織構成や物的条件も大学によって異なることになった。このような大綱化の結果、多くの大学で教育課程改革が行われた[10]。それから、これも規制緩和の一環に位置づけることができるが、2004年に国立大学法人化が行われ、一部の公立大学でもそれ以降法人化が進められた。これにより、各大学の自由度をより高めることがめざされ、文部科学省と国立大学との関係とともに、学内の管理運営体制も改められた[11]。加えて、「公設民営」型の大学や株式会社立の大学が創設されるようになるなど大学の設置形態が多様化したり、量的規制が緩和されたりしており、それが表4-1に見られるような拡大をもたらす要因となった。

　また、競争的資金の形で教育研究に関する重点的な財政支援を行うしくみ

が整えられてきた。研究活動に関してはまず、2001年の「大学（国立大学）の構造改革の方針」[12]で提案された「トップ30」構想をふまえ、「21世紀ＣＯＥプログラム」が2002年から導入された。このプログラムは、第三者評価にもとづく競争原理により、世界的な研究教育拠点の形成を重点的に支援し、国際競争力のある世界最高水準の大学づくりを推進することを目的としており、大学院博士課程の専攻等の研究教育拠点形成計画について、各大学の学長からの申請を受けて学問分野別に第三者評価を行い、5年間補助金を交付するとされた。2002年度から2008年度まで274の拠点が選ばれ、1拠点あたり平均で約6億4,000万円（1年あたり約1億2,800万円）、総額で約1,760億円が投入された[13]。その後、2007年には「グローバルＣＯＥプログラム」に移行した。これは、日本の大学院の教育研究機能をいっそう充実・強化し、国際的に優れた研究基盤のもと、世界をリードする創造的な人材育成を図ることを目的とし、2007年から2009年の3年間に140件が採択された[14]。こうした研究分野での競争的資金の導入だけでなく、教育活動についても2003年度以降、大学や短期大学で行われている教育方法や教育課程の工夫改善など教育の質の向上に向けた取り組みを対象とした「特色ある大学教育支援プログラム」や、あらかじめ設定された社会的要請の強い政策課題に関して大学、短期大学、高等専門学校で計画された取り組みを対象とする「現代的教育ニーズ取り組み支援プログラム」が始められた。その後も、「社会人の学び直しニーズ対応教育推進プログラム」、「新たな社会的ニーズに対応した学生支援プログラム」、「大学教育の国際化加速プログラム」、「産学連携による実践型人材育成事業」、「先導的ITスペシャリスト育成推進プログラム」など、多様なプログラムが矢継ぎ早に実施されてきた[15]。

　2014年度からは「スーパーグローバル大学創成支援」事業（Top Global University Project）が始まっている。これは、高等教育の国際競争力の向上を目的に、海外の卓越した大学との連携や大学改革により徹底した国際化を進める、世界レベルの教育研究を行うトップ大学や国際化を牽引するグローバル大学に対し最長で10年間重点支援を行うものである。同年度には、世界大学ランキングトップ100をめざす力のある大学を支援する「トップ型」に

13大学、これまでの実績をもとに社会のグローバル化を牽引する大学を支援する「グローバル化牽引型」に24大学が採択された[16]。

さらに、大学評価の制度化も進められた。1991年の大学設置基準大綱化の際、「大学は、その教育研究水準の向上を図り、当該大学の目的及び社会的使命を達成するため、当該大学における教育研究活動等の状況について自ら点検及び評価を行うことに努めなければならない」(第2条、当時)との規定が盛り込まれ、大学自らによる自己点検・評価の努力義務が明記された。1999年には、大学設置基準が改正されて自己点検・評価の実施と結果の公表が義務化されるとともに、2000年になると第三者評価機関として、学位授与機構を改組する形で大学評価・学位授与機構が発足した。さらに2002年には「学校教育法」が改正されて、大学が教育研究等の状況について自己点検・評価を行うことが規定されるとともに、一定期間ごとに認証評価機関による評価を受ける制度が導入され、2004年度から始められた[17]。

このような状況の中で、大学院教育の整備も進められてきた。1980年代に臨時教育審議会で社会の進展に伴う需要の増大に対応するために大学院の質的充実と改革が謳われたことを受けて、1980年代末から1990年代にかけて大学審議会で精力的な議論が進められ、次のような改革が行われた[18]。まず、社会人の受け入れや専門職業教育が重視され、夜間制大学院や通信制大学院、科目等履修生が制度化されたほか、1999年には高度専門職業人養成に特化した修士課程である「専門大学院」が制度化された。また、修業年限や大学院入学要件の弾力化が行われた。後者には学部3年次修了成績優秀者への大学院入学資格の付与が含まれる。同時に、量的拡大の方針がとられ、2000年時点での大学院の規模を1991年から倍増させることがめざされた(表4-1参照)。この時期にはさらに、いわゆる大学院重点化が東京大学を嚆矢として始まり、旧帝国大学を中心とする他の国立大学でも進められた。

1999年には大学審議会答申「大学院入学者選抜の改善について」が出された[19]。この答申では、大学院の役割の増大を背景として、大学院入学資格の弾力化、学生の流動性の拡大とともに、大学院入学者選抜実施方法等の改善が要請された。具体的には、理念・目標に応じた選抜の実施、入学希望者

の志望理由を重視した選抜の実施、選抜方法などに関するいっそうの情報提供、外国語によるコミュニケーション能力の確認などが提言された。この答申をふまえて、後述するように、2000年に「大学院入学者選抜実施要項」の改正が行われた。

2002年には、「学校教育法」の改正により、「専門職大学院」制度が創設された。これは、高度専門職業人養成へのニーズの高まりに対応するため、高度専門職業人の養成に目的を特化した課程の設置を認めるものであり、「専門大学院」は「専門職大学院」に移行した。そして、2003年に専門職大学院設置基準が公布され、2004年から学生の受け入れが始まった。

2005年の中央教育審議会答申「新時代の大学院教育──国際的に魅力ある大学院教育の構築に向けて」では、「これまで制度の整備や量的な充実に重点が置かれてきたが、今後は国際的な水準での教育研究機能のさらなる強化を図っていく必要がある」との認識が示された。そして、大学院教育の実質化に向けて (1) 課程制大学院制度の趣旨に沿った教育の課程と研究指導の確立、(2) 多様な社会部門と連携した人材養成機能の強化、(3) 学修・研究環境の改善及び流動性の拡大が挙げられ、また国際的通用性と信頼性の向上に向けて (1) 大学院評価の確立による質の確保、(2) 国際社会における貢献と競争が提言された。これをふまえて、2006年3月に「大学院教育振興施策要綱」が策定された。これは2006年度からの5年間における大学院教育改革の方向性と重点施策を定めたものであり、これにもとづいて研究科・専攻ごとの人材養成の目標等の公表や成績評価基準の明示等を求めたり、上述した「グローバルCOEプログラム」や「大学院GPプログラム」等による支援が進められたりした。

2011年には中央教育審議会答申「グローバル化社会の大学院教育──世界の多様な分野で大学院修了者が活躍するために」が出され、2005年の答申で提言された大学院教育の実質化に向けた取り組みの進展状況に関する検証をふまえ、(1) 学位プログラムとしての大学院教育の確立、(2) グローバルに活躍する博士の養成、(3) 専門職大学院の質の向上、(4) 学問分野ごとの改善方策などが提言された。そして2011年8月には、2015年度までの5年

間の重点施策を明示する「第2次大学院教育振興施策要綱」が策定されて、これらの内容が具体的取り組み施策として盛り込まれた[20]。この中に含まれた「博士課程教育リーディングプログラム」、いわゆる「リーディング大学院」の形成支援は、2011年度より始められ、2013年までの3年間で計63件が採択されている。内訳は、オールラウンド型が7件、複合領域型が41件、オンリーワン型が15件となっている[21]。

　全体的に見れば、大学院教育については1980年代末以降、量的拡大とともに、社会人の受け入れ等を目的として制度の弾力化や充実が進められ、2000年代に入ると、それに加えて、大学院教育の実質化をめざす提言が出され、それをふまえた施策がとられてきている。また、高度専門職業人養成を目的とする「専門職大学院」制度が導入されている。

　このように、日本では1980年代からの議論をふまえて規制緩和や市場化が進められ、従来に比べてより多様な教育のあり方が可能となる一方、教育研究の直接的、短期的な成果や、そうした成果に関する説明責任が求められるようになった。とりわけ21世紀に入って以降、重点的な財政支援として教育研究にかかる競争的資金が増えるとともに、大学評価制度が整備されてきた。こうした一連の施策を通じて、教育の実質化や質の向上がめざされている。それでは、高等教育の「入り口」では、どのような選抜方法がとられているのだろうか。次の2つの節ではそれぞれ大学入学者選抜と大学院入学者選抜について検討する。後者については修士課程に焦点を当てる。

4．大学入学者選抜制度

1　基本原則

　本節では、まず大学入学者選抜に関する基本原則について確認することから始めよう。ここでは2つの点を指摘しておきたい。

　1つは、個々の大学が入学者選抜方法に関する基本的権限を有しているという点である。毎年の大学入学者選抜では文部科学省から「大学入学者選抜実施要項」として各大学が守らなければならない基準や内容が出され、国立

大学の入学者選抜に関しては国立大学協会からガイドラインが示されているが、そうした枠組みの中で具体的にどのような選抜方法をとるかは各大学に委ねられている。こうした入学者選抜に関する政府と大学の関係は少なくとも戦後一貫している。ただし、入学定員そのものは文部科学省の認可を受けなければならない。

　もう1つは、先に述べた文部科学省の「大学入学者選抜実施要項」で示されている基本方針である。2015年度の大学入学者選抜に向けて示された「大学入学者選抜実施要項」では、基本方針が次のように記載されていた。

　　　各大学は、入学者の選抜を行うに当たり、入学志願者の大学教育を受けるにふさわしい能力・意欲・適性等を多面的・総合的に判定し、公正かつ妥当な方法で実施するとともに、高等学校の教育を乱すことのないよう配慮する。[22]

　この文は、語句や内容の記載順に細かな変化はあるものの、基本的にはほぼ同じ内容が半世紀以上にわたって一貫して踏襲されてきた。この中には次の3つの点が示されている。1つめは「入学志願者の大学教育を受けるのにふさわしい能力・意欲・適性等を多面的・総合的に判定し」という部分で、能力・適性の原則を示している。2つめは「公正かつ妥当な方法で実施する」という部分で、これは公正・妥当の原則を示している。3つめは「高等学校の教育を乱すことのないよう配慮する」という部分で、高校教育尊重の原則を示している。大学入学者選抜に対して、これらはそれぞれ、大学側の要求、受験者側の要求、そして高校側の要求を示しているし、各原則はまた広く社会的な要求も反映していると言える。例えば2つめの公正・妥当の原則は、社会的に公正であるとみなされる方法が採用されなければならないという要求であるとも理解できる。つまり日本の大学入学者選抜においては、選抜方法を決定する際に、程度の差はあれこれらの要求が考慮されているのである[23]。入学後の教育に必要な能力の程度を選抜の基準とすることは合理的だし、大学が社会的な存在であることを考えると広く社会に受け入れられ

る方法を採用することも必要である。また、序章でも述べたように、大学入学者選抜制度のありようが初等・中等教育に大きな影響を与えることは確かであり、その点で高等学校以下の教育に対する配慮も当然求められるだろう。もっとも実際には、各大学で入学者選抜方法を考えるときこれらの要求をすべて同じように満たすことは必ずしも可能でないし、とりわけ近年の少子化や進学率上昇の傾向の中で、大学によっては、志願者数、入学者数の確保という観点も選抜方法を考える際の重要な前提となっている。

2　歴史的変遷

　第二次世界大戦後、日本の大学入学者選抜方法では学力検査の結果が一貫して重視されてきた。学力検査は1970年代末まで、1966年度から1968年度にかけてごく一部の大学で「能研テスト」が利用されたのを除いて、基本的には各大学・学部が独自に実施してきた。新制大学発足当初は、国公立大学ではほとんどが国語、数学、外国語、理科、社会の5教科を課し、私立大学では3～4教科を課す大学が多く、1～2教科しか課さない大学もあった[24]。ただし、1979年からは国公立大学で共通第1次学力試験が導入され、それが1990年からは私立大学も参加可能な大学入試センター試験となっていて、ここ30年余りの間は学力筆記試験の一部について共通試験が行われている。

　全国共通の学力筆記試験を実施しその結果を各大学の入学者選抜に利用するという考え方は、1979年の共通第1次学力試験導入から始まったわけではない。1963年に能力開発研究所が創設され、その機関が高校生を対象とした一斉試験として「能研テスト」を実施したのはそうした試みの1つだった。ただし、この能力開発研究所による一斉試験の成績はほとんどすべての大学で利用されることがなく、失敗に終わったと言ってよい。この試験は1963年度から1968年度まで実施されたが、受験者は漸減し、学力試験を主とする選抜でこの試験の受験を要件とした大学は、最も多かった1967年度入試のときでも国立大学1校、公立大学1校にとどまり、同年度入試の推薦入学選抜で要件とした大学も国立大学2校、公立大学1校、私立大学3校しかなかった[25]。

その後も共通試験の導入に向けた検討が進められ、1977年に大学入試センターが設置されて1979年度入試からこのセンターによって共通第1次学力試験が実施された。この試験は国公立大学の選抜において受験者に課される最初の試験として位置づけられ、この試験の成績と第2次試験として各大学・学部で実施される試験や検査の成績を総合して合否を決定することになった。日本の学校の入学は一般に4月であることから、共通第1次学力試験は1月に実施され、受験者個人の成績は通知されないため、受験者は試験結果に関する統計と自己採点にしたがって出願する大学・学部を決定し、3月上旬に実施される各大学・学部の試験に参加するという日程になっていた。共通試験では高校教育における一般的・基礎的な学習の達成度を測り、各大学・学部の試験ではその特性にしたがって多元的な評価を行うことが構想されていた。このような考えから、共通第1次学力試験の試験科目は統一的に5教科7科目が課された。ただし1987年以降は受験者の負担を軽減することを目的として、5教科5科目となった。

このような共通試験の導入は、先にも述べたように同時に受験日の統一が行われたこともあり、結果としてこの試験の成績にもとづく大学の序列化をもたらした。その状況を改めるため、共通第1次学力試験は1990年に大学入試センター試験と呼ばれる試験に変えられた。このときの大きな変更点として次の3点が挙げられる。第1に、5教科すべての試験を受ける必要はなく、志願する大学・学部の要求に応じて1教科1科目から受験することが可能とされた（アラカルト方式）。もっとも、国立大学に関しては5教科5科目が原則として課された。第2に、特別入試に利用するというように、従来の第1次試験という位置づけからより柔軟な利用が可能となった。第3に、国公立大学のみならず、私立大学もこの試験の成績を利用することができるようになった。以上のような自由化・柔軟化の結果として、共通試験とはいえ多様な受験パターンが生じた。

学力検査以外では、1960年ごろまでは出身学校長の調査書と健康診断の結果だけを利用することが求められていた。例外は音楽・美術などにおける実技試験と、進学適性検査であった。後者は、大学における学習可能性を教

科に関する学力検査以外の方法である心理学的な検査によって測定しようとするものであり、1949年度から1954年度までは国立大学が利用し、公私立大学も利用できるとされていたが、1955年度から1965年度までは実施の有無、利用のしかたともに各大学の判断によることになって、その結果、国立大学はどこも実施せず、私立大学でも1、2大学のみで利用するという状況になってしまった。また、選抜方法としての口頭試問は、戦後しばらくは結果の客観性に対する疑義から一律に禁止する措置がとられていたが、1955年からは選抜方法の1つとして面接が加えられた。なお、身体検査では、結核や伝染病など学習に支障のある病気の有無には注意するが、それ以外では身体検査の結果で合否を左右させてはならないという方針が採用された[26]。

　学力筆記試験を主とする選抜についてみれば、私立大学は独自に日程を設定するため、試験日が重複しなければいくつでも受験することが可能である。国立大学では、新制大学発足から1979年までは国立大学全体を2つのグループに分け、グループごとに同じ日に試験を実施するやり方が採用されていたので、国立大学は2校受験することが可能だった。それが1979年の共通第1次学力試験導入に伴ってすべての国立大学の試験日が統一され、1校しか受験することができなくなってしまった。しかし受験機会の複数化が強く求められ、1987年からは再び国立大学2校を受験することができるようになり、現在でも基本的にはそのやり方が続けられている。

　こうした学力筆記試験中心の選抜方法だけでなく、主として出願条件を限定して原則として学力試験を行わずに合格者を決定するやり方もとられている。その中で最も多くの大学・学部で実施されてきたのは、推薦入学選抜（推薦入試）である。1966年に学科試験を免除する推薦入学選抜が正規化された。この選抜は現在、「出身高等学校長の推薦に基づき、原則として学力検査を免除し、調査書を主な資料として判定する入試方法」であると定義されている。実際には大学入試センター試験をはじめとする学力試験を課す募集単位[27]もあるが、高校の調査書のほか、提出書類、小論文（作文）、面接などが選抜方法として主として用いられている。出願条件を限定する選抜方法としてはこのほか、専門高校・総合学科卒業生入試、帰国子女入試、中国引揚者

等子女入試、社会人入試が導入されてきた[28]。

　さらに、近年著しく拡大されているのがアドミッション・オフィス入試（以下、AO入試と略）である。これは「詳細な書類審査と時間をかけた丁寧な面接等を組み合わせることによって、入学志願者の能力・適性や学習に対する意欲、目的意識等を総合的に判定する入試方法」であり、大学・学部が教育理念などにもとづいて「求める人物像」を示したうえで志願者がそれに合致するかどうかが重視されている。これは、推薦入試のように出身学校長の推薦を必ずしも必要とせず、志願者自身の意欲ややる気にもとづく自己推薦型の選抜方法であり、この選抜では志願した大学・学部への入学を強く希望していることも求められる。この選抜方法は1990年に慶応義塾大学で最初に導入され、その後国立大学では2000年から、公立大学では2003年から採用する大学が現れ、着実に拡大を進めている。こうした拡大の背景の1つには、2000年の大学審議会答申「大学入試の改善について」において、選抜方法の多様化が求められ、その例として「アドミッション・オフィス入試等の丁寧な選抜等を推進すること」が挙げられたこともあろう。

3　現行制度の概要

　以上をふまえて、2015年度の大学入学者選抜制度についてまとめることにしよう[29]。制度じたい複雑なため、ここではその概略だけを整理する。

　まず現在の選抜方法は大きく2つに分けられる。最も基本的な選抜方法は、一般入試[30]と呼ばれるもので、主として学力筆記試験の成績に依拠しつつ、高等学校から出される調査書の内容、小論文や面接などの検査結果なども適宜加えて入学者を決定する方法である。これに対して、特別入試としてまとめることができる選抜方法がある。この選抜方法には、すでに述べた推薦入試やAO入試が含まれるし、専門高校・総合学科卒業生入試や帰国子女入試、社会人入試なども含まれる。後者の3つの選抜方法は特定の志願者を対象としたものである。このうち、専門高校・総合学科卒業生入試は「高等学校の専門教育を主とする学科又は総合学科卒業の入学志願者を対象として、職業に関する教科・科目の学力検査の成績などにより判定する入試方法」とされ

ている。一方、帰国子女入試と社会人入試は、「帰国子女（中国引揚者等子女を含む。）又は社会人を対象として、一般の入学志願者と異なる方法により判定する入試方法」であり、学力検査の負担軽減を図って小論文、面接、資格・検定試験等の成績などを組み合わせることとされている。どの選抜方法を用いるかも含めて、各大学・学部の入学定員をそれぞれの選抜方法にどのように配分するかは当該大学・学部が決定する。

　すでに述べたように、一般入試の実施に関しては国公立大学と私立大学で異なっている。私立大学では各大学が自ら学力試験を実施するほか、大学入試センター試験を利用することもできる。それに対して、国公立大学の場合、一般入試では2回の試験が課され、このうち最初の試験が大学入試センター試験、2回目の試験が各大学・学部で実施する試験となっている。しかも2回目の試験はさらに2回に分けられ、それぞれ前期日程、後期日程と呼ばれる[31]。前期日程と後期日程では、試験科目は必ずしも同じではない。これらの学力試験で課される科目、それから各選抜で課される検査内容、それぞれの検査の配点比率は各大学・学部が決めることになっている。受験者は前期日程で1つ、後期日程で1つ出願して試験を受けることができることができるが、前期日程である大学・学部の試験を受け、合格して入学手続きを済ませると後期日程の試験を受けることができない。

　選抜の時期については、次のような規定になっている。まず、一般入試や推薦入試、ＡＯ入試で学力試験を課すときには、文部科学省によって一定の期間が設定されているので、その期間内に試験を行う。国立大学の一般入試は、前期日程が2月25日から、後期日程は3月12日以降に実施することが決められている。また、推薦入試の出願日は、高校教育に対する影響を考慮して毎年11月1日以降とすることとされている。その期間の中でどの時期を出願期間とし、いつ試験を実施するかは、各大学・学部で決めることができる。このほか、学力試験を課さないＡＯ入試については、出願日は8月1日以降と定められており、早いところでは高校が夏季休暇に入ってすぐの時期に出願を受け付けている。

　以上をまとめると、私立大学は一般入試、特別入試ともに、文部科学省が

規定する期間内であれば自由に試験を実施することができる。受験者は自らの希望や入学可能性に応じて複数の大学・学部を志願し、受験することも可能である。これに対して一般入試で国公立大学への入学を希望する場合には、大学入試センター試験を受けた後、前期日程、後期日程それぞれにおいて1つずつの志願を出すことができる。そして、繰り返しになるが、前期日程で合格し手続きを済ませると、後期日程で志願した大学・学部には入学することができないしくみになっている。

　それでは、大学入学者選抜方法は現在、どれくらい多様化しているのだろうか。日本では文部科学省（文部省）から毎年「大学入学者選抜実施要項」が出され、各大学・学部での入学者選抜はこれにもとづいて実施されているが、その枠内でそれぞれの募集単位が自ら選抜方法や定員の割り当てなどを決めている。

　一般入試以外の選抜方法がどの程度利用されているのかについて、学部を

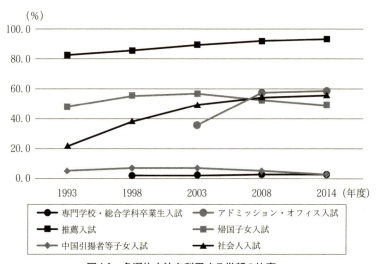

図4-1　各選抜方法を利用する学部の比率
出典：「平成5年度国公私立大学入学者選抜実施状況」『大学資料』No.121/122（合併号）、財団法人文教協会、1994年、108–110頁、「平成10年度国公私立大学入学者選抜実施状況」『大学資料』No.140/141（合併号）、財団法人文教協会、1998年、64–66頁、「平成15年度国公私立大学入学者選抜実施状況」『大学資料』No.160、財団法人文教協会、2003年、52–54頁、「平成20年度国公私立大学入学者選抜実施状況」『大学資料』No.181、財団法人文教協会、2008年、49–51頁、「平成26年度国公私立大学入学者選抜実施状況」『大学資料』No.205、公益財団法人文教協会、2014年、74–76頁にもとづき筆者作成。

単位としてその変遷を示したのが**図4-1**である。1993年度から2014年度までの約20年間で、社会人入試とＡＯ入試を採用する学部の比率が大きく上昇し、1993年度時点ですでに80％を超える学部が利用していた推薦入試も、利用する学部の比率は継続的に高まっている。それ以外の選抜方法は、帰国子女入試も含めて利用する学部の比率には大きな変化は見られない。

　表4-2は、2014年度の大学入学者がそれぞれどのような選抜方法を経てきたかを設置形態別に示したものである。2000年度の状況（**表4-3**）と比べると、全体的に見れば一般入試（一般選抜）の比率が低下し、推薦入試（推薦入

表4-2　大学入学者選抜の状況（2014年度）

	合計	一般入試	推薦入試	ＡＯ入試	その他
国立大学	99,868 (100.0)	84,438 (84.5)	12,228 (12.3)	2,629 (2.6)	573 (0.6)
公立大学	30,201 (100.0)	22,109 (73.2)	7,292 (24.1)	604 (2.0)	196 (0.7)
私立大学	469,165 (100.0)	232,867 (49.6)	186,329 (39.7)	48,129 (10.3)	1,840 (0.4)
合計	599,234 (100.0)	339,414 (56.6)	205,849 (34.4)	51,362 (8.6)	2,609 (0.4)

注：「その他」には、専門高校・総合学科卒業生入試、帰国子女入試、中国引揚者等子女入試、社会人入試が含まれる。
出典：「平成26年度国公私立大学入学者選抜実施状況」『大学資料』No.205、公益財団法人文教協会、2014年、74–76頁にもとづき筆者作成。

表4-3　大学入学者選抜の状況（2000年度）

	合計	一般選抜	推薦入学等	ＡＯ入試	その他
国立大学	102,154 (100.0)	90,182 (88.3)	10,392 (10.2)	318 (0.3)	1,262 (1.2)
公立大学	22,464 (100.0)	18,350 (81.7)	3,570 (15.2)	26 (0.1)	518 (2.3)
私立大学	468,260 (100.0)	281,319 (60.1)	174,121 (37.2)	7,773 (1.7)	5,047 (1.1)
合計	592,878 (100.0)	389,851 (65.8)	188,083 (31.7)	8,117 (1.4)	6,827 (1.2)

注：「その他」には、専門高校・総合学科卒業生選抜、帰国子女特別選抜、中国引揚者等子女特別選抜、社会人特別選抜が含まれる。
出典：「平成12年度国公私立大学入学者選抜実施状況」『大学資料』No.149/150（合併号）、財団法人文教協会、2001年、49–53頁にもとづき筆者作成。

学等）及びAO入試の比率が上昇していることがわかる。また、設置者によって選抜方法別の比率に大きな違いが見られる。国立大学では入学者全体の80％以上が一般入試（一般選抜）を経て入学していて、他の選抜方法での入学は2014年度でも15％程度である。公立大学もどちらかといえば国立大学に近いものの、一般入試（一般選抜）の比率がより大きく低下している。それに対して私立大学では2000年度の時点で一般選抜を経て入学した者の比率がすでに60％程度しかなく、3分の1を超える者が推薦入学選抜を経ていた。それが2014年度になると一般入試を経て入学する者の比率は低下して50％を下回り、推薦入試とAO入試を経て入学する者の数が一般入試を経て入学する者よりも多くなっている。

　また、**表4-4**は、2015年度の国立大学の一般入試において課されている試

表4-4　一般入試における試験科目状況（2015年度、国公立大学のみ）

		国立大学		公立大学	
		大学（82）	学部（385）	大学（84）	学部（178）
大学入試センター試験	6教科課す	62 (75.6)	160 (41.6)	10 (11.9)	14 (7.9)
	5教科課す	80 (97.6)	355 (92.2)	53 (63.1)	106 (59.6)
	4教科課す	22 (26.8)	41 (10.6)	37 (44.0)	74 (41.6)
	3教科課す	37 (45.1)	68 (17.7)	46 (54.8)	75 (42.1)
	2教科課す	10 (12.2)	12 (3.1)	17 (20.2)	22 (12.4)
	1教科課す	1 (1.2)	1 (0.3)	5 (6.0)	5 (2.8)
個別学力検査等	個別学力検査 4教科課す	6 (7.3)	25 (6.6)	1 (1.2)	1 (0.6)
	3教科課す	45 (54.9)	141 (36.6)	15 (17.9)	29 (16.3)
	2教科課す	61 (74.4)	182 (47.3)	29 (34.5)	52 (29.2)
	1教科課す	62 (75.6)	163 (42.3)	35 (41.7)	60 (33.7)
	課さない	72 (87.8)	265 (68.8)	72 (85.7)	130 (73.0)
	小論文	64 (78.0)	178 (46.2)	59 (70.2)	89 (50.0)
	総合問題	21 (25.6)	43 (11.2)	16 (19.0)	19 (10.7)
	面接	64 (78.0)	160 (41.6)	57 (67.9)	85 (47.8)
	実技検査	53 (64.6)	56 (14.5)	17 (20.2)	22 (12.4)
	リスニング	11 (13.4)	20 (5.2)	3 (3.6)	4 (2.2)

出典：「平成27年度国公立大学入学者選抜の概要」『大学資料』No.204、公益財団法人文教協会、2014年、47-62頁から一部抜粋して筆者作成。

験内容と学力試験の科目数を示している。この表で注意が必要なのは、項目ごとの比率の合計が100%を超えている点で、これは、1つの大学・学部の中で複数の募集単位が設定され、その募集単位によって状況が異なるときにはそれぞれが別に数えられているためである。先に国立大学では一般入試を経て大学に入学する者の比率が高いことを確認したが（表4-2）、この表から、同じように一般入試として一括りにされる選抜方法であっても、実際に何が課されているかを見ると、大学によってかなり多様であることがわかる。

なお、先に述べたことからも想像されるように、私立大学の一般入試では国公立大学よりもいっそう多様な選抜方法がとられている。

このように、日本の大学入学者選抜は、文部科学省（文部省）から毎年出される「大学入学者選抜実施要項」を拠りどころとしつつ、各大学・学部がそれぞれ自らにふさわしいと考える選抜を進めている。その結果、全体として見れば、大学入学者選抜は非常に多様になっている。ただし同時に、大学によっては、各学部が実施する選抜方法を総合的に確認・調整する委員会が設置されていたり、一般入試を中心に学部を越えた共通問題が作成されたりしており、学部を単位としてまったく別々に行われているわけでもないことには注意を促しておきたい。

5. 大学院入学者選抜制度

それでは次に、大学院入学者選抜について見ていくことにしよう。本節ではまず、文部科学省（文部省）から出された「大学院入学者選抜実施要項」の変遷を手がかりに大きな変化の流れを明らかにし、その後、いくつかの事例を取り上げて、個別研究科レベルでの選抜方法を検討することにする。

1 歴史的変遷

現在までに確認することができた最も早い大学院入学者選抜関連文書は「昭和29年度大学院入学者選抜実施要項」[32]である。新制の大学院は1951年から一部私立大学で設置されていたものの、この文書が出された1953（昭和

28) 年は「国立12校、公立4校に一せい設置をみて、新学制最後の段階はここに完成した」とされ、私立大学院の新設とあわせて「4年制大学の約2割余が大学院という名の『最高学府』を持った」年であった[33]。こうした制度化の進展を受けて大学院の入学者選抜に関する通知が文部省から出されたのではないかと思われる。

　この1954(昭和29)年度実施要項を見れば、入学者選抜の期日や学力試験の科目など具体的な実施については各大学(大学院)で決めることができるが、同時に、今日よりも細かい点まで定められていたことがわかる。具体的には、第1に、入学者選抜の期日が原則として(1954(昭和29)年)3月1日から4月末日までとされ、入学者の決定も4月末日までとすることとされている。各大学は、この範囲内で選択の自由が認められていた。なお、国立大学に関してはより詳細な規定があり、願書受付期間が(1954(昭和29)年)2月15日から3月5日まで、入学選抜試験日が3月15日から3月31日まで、入学者発表日が4月20日までとされていた。第2に、選抜においては学力試験、身体検査、出身大学長(出身学部長)から提出される調査書の各成績を総合して入学者を決定することとされていた。学力試験は筆答または口頭で行うものとされ、調査書はできるだけ一定様式を用いることが求められた。この文書には調査書の様式が添えられており、学科の「成績」、「卒業論文又は卒業計画」、「現在の身体状況」、「在学中の状況」、「所見」などを記載することになっていた。第3に、志願者は原則として、志望校ではなく、出身大学に届け出ることになっていた。大学院入学者選抜に関するこうした枠組みはその後しばらく、選抜期日が秋季(9〜10月)を基本とするようになったことを除いて、基本的に継続した。そして、1962(昭和37)年に出されたものからは実施年度が明記されなくなり、たんに「大学院入学者選抜実施要項」とのみ題されるようになった。その後、1971(昭和46)年の改正では、入学試験の期日が8月1日から10月31日までに緩和された。

　この枠組みが比較的大きく変わったのは、2000年である。このとき、出願資格、選抜期日、選抜方法、出願手続きなどに変更が加えられた。このうち、まず選抜期日はこれまでのような期間の設定ではなく、「原則として学生

が入学する年度の前年度の7月以降当該年度中の期日」とされるとともに、「秋季入学を実施する場合には、学生が入学する年度中の期日に入学者選抜試験を実施することができる」ことも示された。また選抜方法では、「学力検査やその他志望理由書や成績証明書等大学が適当と認める資料を合理的に総合して判定する方法によることが望ましい」とされ、調査書の書式が廃止されるとともに、指導教員の推薦状なども必要資料とはしないことが明記された。なお、以前の規定では、学力検査として筆答試験とともに口頭試験があることが示されていたが、それは明示されなくなった。さらに出願手続きについては、出身大学を経ることなく、志願者が自ら志望大学院へ提出することとなった[34]。

現行の「大学院入学者選抜実施要項」[35]は2008年に出されたものである。2000年のものと大きな違いはないが、選抜期日が試験期日に、選抜方法が入試方法に改められた。また入試方法では「入学志願者の能力等を合理的に総合して判定する方法によることが望ましい」とされ、その方法として学力検査をはじめいくつかの資料が挙げられている。この点からすると、学力検査は総合判定のための資料の1つだということになるが、その前に試験期日についての規定があることから、学力検査が「公正かつ妥当な方法」の1つとして重視されていることは十分に考えられる。あわせて、障害のある者等への配慮や入学者選抜の公正確保について新たに記載が盛り込まれた。

2 研究科レベルでの選抜方法

それでは、こうした枠組みの中で具体的にはどのような選抜方法がとられているのだろうか。実態として、大学院入学者選抜は大学としても統一的であることが少なく、それぞれの研究科において実施されていることから、ここではいくつかの研究科を事例的に取り上げて検討することにする。

表4-5〜表4-8は、4つの専門分野——教育学分野、経済学分野、理学分野、工学分野——において、いくつかの研究科で修士課程の2015(平成27)年度(一部は2016(平成28)年度)の入学者選抜がどのように行われるかを整理したものである。専門分野とともに大学内の異同も視野に入れることを考えて対

表4-5 大学院入学者選抜の実施（教育学分野）

大学名	東京大学	名古屋大学	京都大学	広島大学
研究科名等	教育学研究科	教育発達科学研究科（教育科学専攻、第1期試験）	教育学研究科（研究者養成コース）	教育学研究科（一般選抜）
募集定員	88名	32名の約7割	32名	全選抜で157名
出願期間	6月30日〜7月4日	8月18日〜8月22日	1月6日〜1月9日	8月1日〜8月7日
提出書類	成績証明書、研究計画書	成績証明書、これまでの研究テーマまたは卒業論文の題目とその概要、研究計画	志望理由書、成績証明書、論文	学業成績証明書、これまでの研究概要、研究計画書
第1次試験実施日	9月9日、10日	9月24日、25日	2月4日	9月10日、11日
第1次試験の内容	**筆記試験**:外国語（英語）、専門科目（分野ごと）	**筆記試験**:外国語（1つ選択）、専門科目（教育科学、20領域から2領域を選択）**口述試験**（研究事項及び関連学力）	**筆記試験**:外国語（1つ選択）、専門科目（分野ごと）	**筆記試験**:外国語（1つ選択）、専門科目（分野ごと）**口述試験**（提出書類に基づいて）
第2次試験実施日	9月11日	―	2月16日、17日	―
第2次試験の内容	**口述試験**（主として専門科目について）	―	提出論文を中心とした**口頭試験**	―
合格発表	9月12日	9月29日	2月20日	9月25日
上記以外の選抜方法	（なし）	高度専門職業人養成コース（生涯学習研究コース）:9月実施 外国語＋口述試験 第2期試験（教育科学専攻）:1月実施 外国語＋専門科目（教育科学）＋口述試験	専修コース（教育科学専攻）:9月実施 第1次試験:小論文、英語又は専門科目 第2次試験:面接試験 第2種（臨床教育学専攻）:9月実施 第1次試験:外国語（英語）、専門科目 第2次試験:口頭試験	社会人特別選抜:9月実施、2月実施 筆記試験（専門科目）＋口述試験 一般選抜（2月入試）:2月実施 筆記試験（外国語（1つ選択）＋専門科目）＋口述試験

出典：各研究科HPに掲載されている情報（2015年4月30日最終確認）をもとに筆者作成。いずれも2015（平成27）年度入学者選抜に関わるものであり、日程は2014年度である。

象とする研究科を選んだ。具体的には、東京大学、名古屋大学、京都大学の関連研究科を共通に取り上げ、もう1つ当該専門分野で比較的有力だとみなされる研究科を選択した。研究科内で大きく異なる選抜方法がとられているときは、そのうち主要だと判断されるものを1つ取り上げることとした。

京都大学（京都市、2015年8月、筆者撮影）

　教育学分野（**表4-5**）では、京都大学大学院教育学研究科が主要な選抜を2月に実施しているものの、他の研究科では主たる選抜が前年9月に実施される。このことは提出書類の違いにも反映している。選抜方法では、第1次試験、第2次試験に分けるか、一度の試験として行うかはともかく、外国語、専門科目の筆記試験と口頭試験（口述試験）によって構成されている点は共通である。なお、東京大学大学院教育学研究科以外の3研究科では、別コースの設定も含めて複数回の選抜が行われている。

　経済学分野（**表4-6**）では、ここで取り上げた4研究科はいずれも秋季に選抜が行われている。筆記試験が外国語と専門科目で構成されている点も共通している。しかし、4研究科のうち京都大学大学院経済学研究科は、提出書類に研究計画書や論文が求められないとか、第2次試験が行われない、口述試験（口頭試問）が課されないといった点で他の研究科とやや異なった選抜となっている。

　理学分野（**表4-7**）でも、ここで取り上げた研究科はすべて秋季（8月下旬）での選抜実施となっている。主要な選抜では、外国語（英語）と専門科目からなる筆記試験と口頭試問（口述試験）から構成されている点は共通である。なお、ここではとくに化学系分野に焦点を当てたが、同じ研究科であっても専攻ごとに異なる選抜が行われていることには注意が必要である。これらは

表4-6 大学院入学者選抜の実施（経済学分野）

大学名	東京大学	名古屋大学	京都大学	大阪大学
研究科名等	経済学研究科	経済学研究科	経済学研究科	経済学研究科
募集定員	81名	44名	44名	全選抜で83名
出願期間	7月28日～7月31日	8月20日～8月26日	7月18日～7月24日	7月11日～7月17日
提出書類	成績証明書、研究計画書、TOEFLのスコアシート、推薦書（任意）、論文（任意）、参考業績（任意）、職務内容証明書（任意）	自由論文、学業成績証明書、英語能力を証明する書類（提出した場合、外国語試験に代替）	成績証明書、TOEFL Examinee Score Report（合格決定後、研究計画書を提出）	成績証明書、研究計画書、推薦状（任意）
第1次試験実施日	9月8日	9月5日	9月2日	8月23日
第1次試験の内容	筆記試験：外国語（1つ選択、英語の場合TOEFL利用）、専門科目（分野ごと）	筆記試験：外国語（英語+1つ選択）、論述（類ごとに2問出題、志望専攻から少なくとも1問、計2問選択）	筆記試験：外国語（英語〈TOEFLの成績を換算〉+1つ選択）、専門科目（複数分野から4問選択）	筆記試験：外国語（英語、TOEFL/TOEICの成績で代替可）、専門科目（複数の分野から選択解答）
第2次試験実施日	9月17日	9月30日	―	9月6日
第2次試験の内容	口述試験（研究計画書に基づいて）	口述試験（自由論文を中心に、学力を幅広く問う）	―	口頭試問
合格発表	9月21日	10月8日	9月17日	9月11日
上記以外の募集方法	（なし）	第2次募集：1月実施 第1次試験：筆記試験（論述、外国語（英語+1つ選択）） 第2次試験：口述試験	（なし）	冬季：1月実施 筆記試験（英語、TOEFL/TOEICの成績で代替可）+口頭試問

出典：各研究科HPに掲載されている情報（2015年4月30日最終確認）をもとに筆者作成。いずれも2015（平成27）年度入学者選抜に関わるものであり、日程は2014年度である。

第4章 日本における大学及び大学院の入学者選抜 143

表4-7 大学院入学者選抜の実施（理学分野）

大学名	東京大学	名古屋大学	京都大学	大阪大学
研究科名等	理学系研究科（化学専攻）	理学研究科（物質理学専攻）（化学系）B入試	理学研究科（化学専攻）	理学研究科（化学専攻）
募集定員	52名	専攻として全選抜で63名	61名	60名
出願期間	7月3日～7月9日	6月30日～7月4日	7月4日～7月4日	7月7日～7月10日
提出書類	成績証明書	成績証明書、「卒業研究の概要または将来の抱負」	成績証明書、志望分科調査書（化学専攻）	学業成績証明書、研究分野等希望調書
第1次試験実施日	8月26日、9月3日	8月25日、26日	8月19日	8月26日、27日
第1次試験の内容	**筆記試験**:外国語（英語、TOEFL-ITP試験、TOEFLスコアで代替可）、専門科目14題のうち5題を選択）、作文（400字程度） **口述試験**（志望の妥当性、適性などを試問）	**筆記試験**:外国語（英語、TOEFL又はTOEICのスコアを利用）、基礎科目（7問から6問選択）、専門科目（7問から4問選択） **口述試験**	**筆答試問**:外国語（英語）、基礎科目（6科目から4科目選択）、専門科目（5科目から2科目選択）	**筆記試験**:外国語（英語）、化学 **口頭試問**
第2次試験実施日	―	―	8月20日	―
第2次試験の内容	―	―	口頭試問	―
合格発表	9月17日	8月27日	8月29日	9月5日
上記以外の募集方法	（なし）	A入試:7月実施 口述試験（研究発表と質疑応答） 第2次募集:1月実施 筆記試験（有機化学、外国語（英語、TOEFL又はTOEICのスコアを利用））+口述試験	（なし）	（なし）

出典：各研究科HPに掲載されている情報（2015年4月30日最終確認）をもとに筆者作成。いずれも2015（平成27）年度入学者選抜に関わるものであり、日程は2014年度である。

表4-8 大学院入学者選抜の実施（工学分野）

大学名	東京大学	名古屋大学	京都大学	東京工業大学
研究科名等	工学系研究科（機械工学専攻）	工学研究科（機械理工学専攻「機械」系）	工学研究科（機械理工学専攻）	理工学研究科（機械物理工学専攻）
募集定員	52名	専攻として44名	56名	44名
出願期間	7月2日～7月10日	6月17日～6月19日	6月16日～6月24日（郵送の場合）	6月23日～6月27日
提出書類	成績証明書	学業成績証明書、学修希望調書、TOEFL/TOEICスコアシート	成績証明書、TOEFL成績	成績証明書、志望理由書
第1次試験実施日	8月25日、26日	8月25日～28日	8月6日、7日	8月19日
第1次試験の内容	筆記試験：一般教育科目（数学）、外国語（英語、TOEFL-ITP）、専門科目（機械工学）	筆記試験：基礎部門（数学、物理）、専門部門（機械工学専門分野）外国語（TOEFL/TOEIC成績）口頭試問	筆記試験：数学、機械力学、専門科目（6問から3問選択）英語（TOEFL成績）	筆記試験：専門科目（数学、物理、選択専門科目（8分野の問題から4つを選択））英語（外部テストの成績）
第2次試験実施日	8月28日	―	―	8月26日
第2次試験の内容	口述試験（希望する専門分野、研究課題、指導教員などについて）	―	―	口頭試問（研究能力ならびに適性に関する試問）
合格発表	9月8日	9月11日	8月14日	9月12日
上記以外の募集方法	（なし）	学部3年次在学者を対象とする選抜:8月実施 第1次選考:外国語（TOEFL/TOEIC成績）+筆記試験+口頭試問 第2次選考:学部3年次までの成績等	特別選考:8月実施（予備選考面接（6月）+）TOEFL成績+口頭試問	A日程:7月実施 口述試験（学力ならびに適性に関する試問）+出願書類

出典：各研究科HPに掲載されている情報（2015年4月30日最終確認）をもとに筆者作成。名古屋大学を除く3大学は2015（平成27）年度入学者選抜に関わるものであり、日程は2014年度である。名古屋大学は2016年度入学者募集にかかるものであり、2015年度の日程である。

あくまでも事例であることを改めて確認しておきたい。

最後に、工学分野（**表4-8**）では、機械工学系分野の選抜に注目した。選抜試験（第1次試験）は8月の実施となっている。筆記試験では、数学及び物理学といった科目と専門科目が課され、英語は外部試験の成績を利用することになっている。口頭試問（口述試験）は4研究科のうち3つで課されている。

これら4つの表を横断的に眺めてわかるのは、次の4点である。第1に、すでに確認したように、同じ専門分野でも大学（研究科）によって異なる選抜方法が採用されている。第2に、ほとんどの場合筆記試験が課され、しかも外国語と専門科目の学力が測られている。ただし、英語能力に関してＴＯＥＦＬをはじめとする外部試験の成績を用いる研究科は少なくない。第3に、口頭試問（口述試験）が課されることも多いが、課さない研究科も見られる。第4に、同一の大学であっても研究科によって選抜の時期、選抜方法は多様である。以上をまとめると、選抜方法としては「筆記試験（外国語＋専門科目）＋口頭試問（口述試験）」という基本的な形が抽出されるが、選抜の時期、提出書類、第2次試験の有無、英語能力に関する外部試験の利用、口頭試問（口述試験）の有無など、研究科ごとに多様な状況が存在していると言える。

なお、大学院入学者選抜に関して、大学や募集単位を越えた共通試験として法科大学院の適性試験がある。法科大学院への入学にあたっては、制度導入当初からすべての志願者が適性試験を受験することになっている。各法科大学院はこの試験の結果も考慮しつつ、自ら実施する選抜試験の成績等によって合否を決定する。後者の個別試験については、法科大学院ごとに決定されるが、法学既修者には法律科目試験、小論文、面接などが課され、未修者は小論文、面接などで選抜が行われている[36]。

6. 日本における大学入学者選抜及び大学院入学者選抜の特徴

ここまで、日本における大学入学者選抜及び大学院入学者選抜のありようについて検討してきた。両者の異同を整理すると、次のようにまとめることができるだろう。

2つの制度の共通点としては、選抜のあり方に関して文部科学省（文部省）から実施要項が出されてはいるものの、具体的な実施方法は各大学・募集単位ごとに非常に多様な状況が見られることがある。しかもその多様性は拡大する傾向が看取される。

　一方で、多様性の状況には両者の間で違いも存在する。すなわち、大学入学者選抜では選抜方法において学力筆記試験を課すかどうかという点では大学院入学者選抜よりも多様であるものの、全学入学試験委員会等による全体的な確認・調整や、募集単位を越えた試験科目の用意などにより、全学レベルではある程度の統一が図られることがある。これに対して大学院入学者選抜では、基本的に募集単位（研究科）ごとに選抜方法が決められ、大学内で調整が行われることもほとんどない。ただし、大学入学者選抜に比べると選抜方法として筆記試験を課すことがより一般的で、それなしに合否を決める選抜は管見の限り見当たらなかった。

　全体として見れば、選抜の実施主体は一貫して大学・募集単位であり、文部科学省（文部省）は大きな枠組みを示すものの、その範囲内で大学・募集単位が自らにふさわしいと考える方法を選んでいる。そして、大学入学者選抜では全学レベルでの調整が一定程度図られることがあるのに対して、大学院入学者選抜では各募集単位にかなり大きな自主性が与えられている。選抜方法は、大学入学者選抜では学力筆記試験を課さないこともかなりの程度に上るし、学力筆記試験を課す程度や学力筆記試験の内容にもかなりの多様性がある一方、大学院入学者選抜では筆記試験を課さない募集単位・選抜ルートは見当たらず、筆記試験が相対的に大きな役割を果たしていると言える。

注

1　戦後日本の変遷に関する以上の記述にあたっては、藤原彰『大系日本の歴史15 世界の中の日本』小学館、1989年、雨宮昭一『占領と改革（シリーズ日本近現代史⑦）』（岩波新書）岩波書店、2008年、武田晴人『高度成長（シリーズ日本近現代史⑧）』（岩波新書）岩波書店、2008年、吉見俊哉『ポスト戦後社会（シリーズ日本近現代史⑨）』（岩波新書）岩波書店、2009年などを参照した。
2　「教育基本法」『官報』第6061号（1947年3月31日）、1947年、210-211頁。

3　政令改正諮問委員会「教育制度の改革に関する答申」(国立公文書館デジタルアーカイブ〈http://www.digital.archives.go.jp/〉より、件名「政令改正諮問委員会の教育制度の改革に関する答申」(請求番号:本館-3D-016-00・平4文部01040100、件名番号:011)、2015年5月28日最終確認)。
4　「後期中等教育の拡充整備について(答申)」教育事情研究会編『中央教育審議会総覧(増補版)』ぎょうせい、1992年、135–159頁。
5　「教育改革に関する第四次答申」教育政策研究会編『臨教審総覧＜上巻＞』第一法規出版、1987年、310–358頁。
6　「教育基本法」『官報』号外第288号(2006年12月22日)、2006年、13–15頁。
7　大﨑仁『大学改革1945－1999』有斐閣、1999年、134–136頁。
8　以上の統計は、文部科学省『文部科学統計要覧　平成27年版(2015)』日経印刷、2015年、103頁による。
9　同上書、103–105頁。
10　南部広孝「日本における大学教育の多様化」労凱声・山﨑高哉共編『日中教育学対話Ⅲ』春風社、2010年、80–81頁。
11　南部広孝「質向上をめざす高等教育改革の展開」辻本雅史・袁振国監修、南部広孝・高峡編『東アジア新時代の日本の教育――中国との対話』京都大学学術出版会、2012年、141–146頁。
12　これは文部科学省から経済財政諮問会議に提出された資料である(文部科学省「大学(国立大学)の構造改革の方針」(2001年6月、http://www5.cao.go.jp/keizai-shimon/minutes/2001/0611/item3.pdf、2015年5月22日最終確認))。
13　大塚雄作・南部広孝「高等教育の改革動向」京都大学大学院教育学研究科教育実践コラボレーション・センター編集『21世紀における日本の教育改革――日中学者の視点(日本語論文集)』京都大学大学院教育学研究科教育実践コラボレーション・センター、2010年、60–61頁。
14　文部科学省・独立行政法人日本学術振興会「平成26年度ＧＣＯＥ　グローバルＣＯＥプログラム」(パンフレット)(http://www.jsps.go.jp/j-globalcoe/data/H26_phanphlet.pdf、2015年5月22日最終確認)。
15　大塚・南部、前掲論文、2010年、84頁。
16　「平成26年度　スーパーグローバル大学等事業「スーパーグローバル大学創成支援」申請・採択状況一覧」(http://www.jsps.go.jp/j-sgu/data/shinsa/h26/h26_sgu_kekka.pdf、2015年11月1日最終確認)。
17　南部、前掲論文、2012年、147–148頁。
18　以下の記述は、大﨑、前掲書、1999年、313–319頁を参照した。
19　以下で言及している中央教育審議会答申はいずれも、文部科学省のホームページから確認することができる。
20　「第2次大学院教育振興施策要綱」(平成23年8月5日)『大学資料』No.194、財団法人文教協会、2012年、26–36頁。
21　「博士課程教育リーディングプログラム　審査結果」(http://www.jsps.go.jp/

j-hakasekatei/shinsa_kekka.html、2015年5月22日最終確認）より整理した。
22 「平成27年度大学入学者選抜実施要項」（平成26年5月28日）『大学資料』No.203、公益財団法人文教協会、2014年、82–99頁。引用にあたって、本文に括弧で加えられている部分は省略した。
　なお、「平成28年度大学入学者選抜実施要項」（平成27年5月27日）では表現に変化が見られる。具体的には、次のような表現となった。
　　　各大学は、入学者の選抜を行うに当たり、公正かつ妥当な方法によって、入学志願者の能力・意欲・適性等を多面的・総合的に判定する。その際、各大学は、年齢、性別、国籍、家庭環境等に関して多様な背景を持った学生の受入れに配慮する。あわせて、高等学校（中等教育学校の後期課程及び特別支援学校の高等部を含む。以下同じ。）の教育を乱すことのないよう配慮する。
　本文中に挙げた前年度の基本方針と比べると、「大学教育を受けるにふさわしい」がなくなる一方、各大学が「年齢、性別、国籍、家庭環境等に関して多様な背景を持った学生の受入れに配慮する」ことが新たに盛り込まれている。
23 以上の記述は、佐々木享『大学入試制度』大月書店、1984年、8–9頁を参照している。
24 岩田弘三「日本における教育接続の戦後史」荒井克弘・橋本昭彦編『高校と大学の接続 —— 入試選抜から教育接続へ』玉川大学出版部、2005年、93頁。
25 佐々木、前掲書、1984年、171–172頁。
26 以上の記述にあたっては、佐々木享「戦後日本の大学入試制度の歴史」日本教育学会入試制度研究委員会編『大学入試制度の教育学的研究』東京大学出版会、1983年、35–57頁を参照した。
27 本章で使用している「募集単位」という語は、学生募集時の最小単位を意味している。周知のように、ある学部は1つの募集単位として学生募集を行い、ある学部ではいくつかの募集単位に分かれて学生募集を行っている。
28 このうち、帰国子女入試と社会人入試については、1982年6月25日付の大学入学者選抜要項改正により、帰国子女や社会人を対象にして特別の方法により選抜を実施することができることが明示された（大学局大学課「大学入学者選抜実施要項の一部改正について（通知）」『大学資料』No.84、財団法人文教協会、1982年、69–73頁）。そして、文部科学省（文部省）から公表される入学者選抜実施状況では1983（昭和58）年度から統計が載せられている。ただし1983年度の時点では、公表されているのは国公立大学と私立大学1校（産業医科大学）のみだった。中国引揚者等子女特別選抜は文部科学省（文部省）から公表される入学者選抜実施状況では1988（昭和63）年度から統計がある。専門高校・総合学科卒業生入試は1996（平成8）年度に専門高校特別選抜として導入され、翌年から専門高校・総合学科卒業生特別選抜となっている。
29 以下の記述は主として前掲「平成27年度大学入学者選抜実施要項」に依拠している。

30 「平成20年度大学入学者選抜実施要項」までは、「一般入試」ではなく、「一般選抜」という語が用いられていた。
31 厳密には、一部の公立大学は独自の日程で入学試験を実施している。
32 「昭和29年度大学院入学者選抜実施要項」(国立公文書館デジタルアーカイブ〈http://www.digital.archives.go.jp/〉より、件名「昭和29年度大学院入学者選抜実施要項について　昭和29年度国立大学院入学者選抜試験期日等について」(請求番号:本館-3D-009-00・平1文部01250100、件名番号:008)、2013年1月31日最終確認)。
33 文部省『昭和28年度　文部省第81年報』文部省調査局統計課、1956年、19頁。
34 「大学院入学者選抜実施要項（平成12年5月11日文高大第121号文部省高等教育局長通知)」(http://www.mext.go.jp/b_menu/shingi/chukyo/chukyo4/005/gijiroku/011101/006.pdfより、2013年1月20日最終確認)。
35 「大学院入学者選抜実施要項（平成20年5月29日、二〇文科高第168号文部科学省高等教育局長通知)」教育法令研究会編集『教育法令集（国法編・例規編)』第一法規、第10巻291ノ203–204（2013年3月7日最終確認)。
36 衆議院調査局文部科学調査室『法科大学院の現状と課題』衆議院調査局文部科学調査室、2009年、23頁。

第5章 比較考察

1. はじめに

　第1章から第4章までそれぞれ、中華人民共和国（以下、中国と略）、台湾、大韓民国（以下、韓国と略）、日本における社会の変容と高等教育の状況をまとめたうえで、大学入学者選抜制度及び大学院入学者選抜制度の概要と改革動向を整理・分析してきた。本章ではそれをふまえて、まず各国の高等教育の変容状況を主としてその共通点に着目しながらまとめ、それから大学入学者選抜制度及び大学院入学者選抜制度を横断的に比較検討する。その際、共通点と相違点に注目することで、大学及び大学院に入学する者をどのように選抜するのかについて各国の特徴を明らかにするとともに、大学教育（学士課程段階の教育）と大学院教育（修士課程）という教育段階によって入学者選抜がどのように異なるのか、国によってその異同がどのようになっているのかについて考察する。

2. 東アジア諸国における高等教育の変容

　それではまず、大学院教育を含む各国の高等教育が近年どのように変容してきているのかを確認しよう。対象とした国は、歴史的経緯も前提となる社会体制や経済状況も異なるが、それでも近年の変化には共通の傾向も見てとることができる。ここでは、量的拡大の状況と、大学の運営自主権の拡大及び重点的財政支援政策の実施、大学評価の展開といった高等教育改革の動向を取り上げる。これらの改革によって生じる変化はいずれも、大学入学者選

抜と大学院入学者選抜のあり方に、直接的、間接的に影響を与えている。

1 量的拡大の状況

それぞれの章ですでに明らかにしたように、どの国でも今日まで、高等教育は大学教育段階でも大学院教育段階でも量的拡大を達成してきた（**表5-1**）。1980年時点ですでに一定の規模に達していた日本はともかく、他の3か国ではこの間急速な拡大が起きた。またどの国でも、大学教育段階に比べて、大学院教育段階の方がいっそう大きく拡大している。

こうした絶対数の増加をふまえて、ここでは、各国におけるそれぞれの相対的な変化について改めて確認する。なぜなら、入学者選抜について考えようとするとき、高等教育の相対的な規模（進学率、在学率）や前の教育段階との量的なバランスは、選抜に関わる対象の相対的な大きさや選抜の厳しさと関係しており、入学者選抜方法を検討するうえで重要だと考えられるからである。

図5-1は、高等教育の相対的規模と接続率という2つの指標を用いて、1980年以降の東アジア諸国における大学入学者をめぐる状況の変化を示したものである。この図の横軸（x軸）は大学教育の相対的規模、具体的には

表5-1　東アジア諸国における高等教育の拡大状況

		中国	台湾	韓国	日本
大学教育段階	1980年 (A)	1,143,712	158,181 (1981)	402,979	1,741,504
	2013年 (B)	24,680,726	1,035,534	2,122,747 (2012)	2,552,022 (2014)
	(B)／(A)	21.6	6.5	5.3	1.5
大学院教育段階（修士課程）	1980年 (A)	21,604	6,555 (1981)	29,901	35,781
	2013年 (B)	1,495,670	177,305	267,232 (2012)	177,309 (2014)
	(B)／(A)	69.2	27.0	8.9	5.0

注：大学教育段階は、台湾、韓国、日本は学士課程相当の段階のみ、中国は学士課程相当と準学士課程の両方を含んでいる。台湾については1981年、韓国及び日本についてはそれぞれ2012年、2014年の統計を用いている。
出典：第1章から第4章までの第2節に挙げた表をもとに筆者作成。

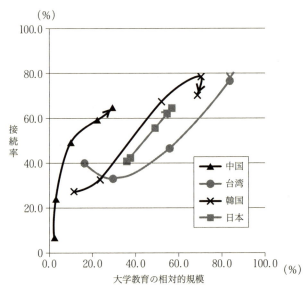

図5-1　大学教育の拡大と高大接続の状況

出典：作図にあたって、各国の数値は次の統計資料をもとに算出した。
［日本］文部科学省『文部科学統計要覧　平成26年版（2014）』株式会社エムア、2014年、30–32頁、36頁、［韓国］教育科学技術部・韓国教育開発院『2008 教育統計分析資料集』韓国教育開発院、2008年、30頁、34頁、教育部・韓国教育開発院『2014 整理された教育統計』韓国教育開発院、2014年、13頁、教育部・韓国教育開発院『2014 教育統計分析資料集（初・中等教育統計編）』韓国教育開発院、2014年、56頁、［台湾］教育部統計処編『中華民国教育統計　民国98年版』教育部、2009年、42–44頁、教育部統計処編『中華民国教育統計　民国103年版』教育部、2014年、22–25頁、52–53頁、58–59頁、［中国］中華人民共和国国家教育委員会計劃財務司編『中国教育成就　統計資料　1980-1985』人民教育出版社、1986年、22頁、24頁、42頁、65頁、76頁、95頁、97頁、100頁、101頁、中華人民共和国国家教育委員会計劃建設司編『中国教育統計年鑑　1990』人民教育出版社、1991年、22頁、38頁、46頁、58頁、67頁、90頁、91頁、100頁、教育部発展規劃司編『中国教育統計年鑑　2000』人民教育出版社、2001年、2頁、8頁、9頁、17頁、24頁、40頁、52頁、60頁、71頁、101頁、112頁、116頁、教育部発展規劃司編『中国教育統計年鑑　2010』人民教育出版社、2011年、3頁、15頁、18頁、23頁、25頁、教育部発展規劃司編『中国教育統計年鑑　2013』人民教育出版社、2014年、3頁、15頁、18頁。

大学の入学者数（または在学者数）の当該年齢人口に対する比率（進学率または就学率）を表し、縦軸（y軸）は接続率、具体的には後期中等教育段階の卒業者数に対する大学入学者数の比率を示している[1]。そして、各国の1980年、1990年、2000年、2010年、そして2013年の5時点における数値をプロットしている。中国は別として、台湾、韓国、日本の3か国はおおよそy=xに沿った変化となっており、(1980年の台湾を除いて) 後期中等教育がかなり普及したうえで高等教育の発展が進んだことがわかる[2]。しかも発展の速度は、

台湾と韓国が日本より速い。両国は、1980年時点では日本よりも図の左下側に位置していたが、2010年の時点で横軸でも縦軸でも日本を上回る数値となり、日本よりも右上に移っている。もっとも、2010年から2013年にかけての変化は小さく、大学進学が飽和状態に近いことが推測される。なお、韓国では統計上の高等教育進学率の算出方法が2011年に変更されているので[3]、その前後の数値は単純に比較することができない。一方中国は、出発時点（1980年時点）での相対的規模が非常に小さく、また膨大な人口を抱えていることから、近年でも他国ほどの数値の上昇は見られない。1980年から2000年にかけて、他国に比べてより上向きの変化となっているが、これは後期中等教育に比して高等教育がより速く拡大してきたことを示している。そして2000年以降は$y=x$に近い変化を示すようになっている。また、2010年から2013年にかけてもはっきりとした変化を示しており、近年でも他の3か国に比べて顕著な拡大が続いていることがわかる。なお、中国は絶対的な規模が膨大であることにはここでも注意を促しておきたい。

　一方、大学院教育（修士課程）に関して拡大状況を示したのが**図5-2**である。この図では、横軸（x軸）には人口1万人当たりの修士課程（碩士課程）在学者数、縦軸（y軸）には大学教育（学士課程段階の教育）在学者数に対する修士課程在学者数の比率として求めた修士課程の相対的規模を用いている。こちらも各国の1980年、1990年、2000年、2010年、そして2013年の数値をプロットしている。修士課程の在学者数は現在、中国が圧倒的に多く（149.6万人、2013年）、韓国（26.7万人、2012年）がそれに続き、日本（18.1万人、2014年）と台湾（17.7万人、2013年）はほぼ同じである。

　人口規模から見ると（図5-2のx軸）、修士課程の相対的規模は台湾が突出し、韓国が続いている。中国は4か国の中では最も小さくなるが、日本に近づいている。一方で、大学教育との相対的な状況（同図のy軸）としては、韓国で1980年から1990年にかけて低下しているのを除けば、どの国でも増加してきた。この点でも台湾の変化が最も顕著である。こうした増加傾向は、大学教育よりも修士課程の方が拡大のスピードが速かったことを示している。また、大学教育との相対的な大きさを示すこの数値では日本は、すべての年に

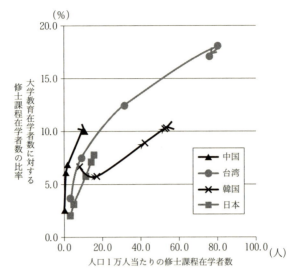

図5-2 大学院教育の拡大と相対的規模

出典：作図にあたって、各国の数値は次の統計資料をもとに算出した。
［日本］文部科学省『文部科学統計要覧　平成26年版（2014）』株式会社エムア、2014年、88–93頁、［韓国］教育部・韓国教育開発院『2014 教育統計分析資料集（高等教育・就業統計編）』韓国教育開発院、2014年、9頁、92頁、［台湾］教育部統計処『中華民国教育統計　民国103年版』教育部統計処、2014年、14頁、16頁、「内政統計年報」（http://sowf.moi.gov.tw/stat/year/list.htm）内の「人口年齢分配」による、2015年5月4日最終確認）、［中国］中華人民共和国国家教育委員会計劃財務司編『中国教育成就　統計資料　1980-1985』人民教育出版社、1986年、25頁、42頁、中華人民共和国国家教育委員会計劃建設司編『中国教育統計年鑑　1990』人民教育出版社、1991年、25頁、39頁、教育部発展規劃司編『中国教育統計年鑑　2000』人民教育出版社、2001年、27頁、41頁、教育部発展規劃司編『中国教育統計年鑑　2010』人民教育出版社、2011年、23頁、教育部発展規劃司編『中国教育統計年鑑　2013』人民教育出版社、2014年、23頁。なお、台湾を除く3か国の人口はWorld Bank "Data"（http://data.worldbank.org/indicator/SP.POP.TOTL、2015年5月4日最終確認）による。

おいて4か国の中でも最も低くなっている。つまり、1980年以降、大学教育（学士課程段階の教育）と大学院教育（修士課程）の量的バランスとしては、日本は一貫して相対的に前者に力点があり、大学教育の大きさに比して、大学院教育（修士課程）の拡大に積極的とは言えなかった。なお、台湾では2010年から2013年にかけて図の左下への移行が見られるし、韓国も図ではややわかりづらいが同じ傾向を示している。この点からすると、台湾と韓国では大学院の規模もすでに十分拡大している水準に達しているように考えられる。

このように、本書で対象とする4か国ではどの国においても、大学教育でも大学院教育（修士課程）でも、規模が絶対的に拡大しているのみならず、

人口に対する相対的な規模及び1つ前の教育段階に対する相対的な規模もともに拡大している。このことによって、従来に比べてより多様な背景を持つ者がこれらの教育段階にアクセスするようになっていることが改めて確認される。中国は他国に比べると比率の伸びは小さいが、同国の絶対的な大きさを考えると、そうした傾向は他国と同様に生じていると考えられる。

2　高等教育改革における共通の動向

またどの国でも、高等教育改革の動向として大学の運営自主権の拡大、重点的財政支援政策の実施、大学評価の展開などが進められている。

1990年代から今日まで、政府と大学との関係の変化、具体的には大学の運営自主権の拡大という方向性がどの国でも見られる。従来は、政府が高等教育に直接的に関与し、コントロールすることによってその規模や質を維持・確保するとともに、国や社会の発展に貢献させようとしてきた。しかし今日では、政府が個々の大学に直接関与することは非効率的あるいは不適切であり、多様なニーズに対応するためには行政的に管理するよりも市場メカニズムの方が効果的であると考えられるようになった[4]。そして、大学に関する規制が徐々に緩和され、制度上各大学が自ら決定できる事柄が増えてきている。中国では従来、計画経済体制のもとで大学に対して上意下達型の管理運営が行われていたが、1990年代に生じた社会主義市場経済体制への移行に伴って規制緩和が進み、各大学の運営自主権は拡大されてきている。台湾や韓国でも、1980年代から本格化した民主化の潮流の中で、大学の自主性を高める方向で改革が進められている。日本では、1991年のいわゆる大学設置基準の大綱化や2004年の国立大学法人化をはじめとする改革を通じて、各大学が決定できる領域が拡大しつつある。

ただしどの国でも、政府は依然として高等教育全体のあり方を調整し続けており、程度の違いはあるものの、一定の役割を果たし続けている。直接的な関与は弱まったように見えるが、間接的な手段を用いながら、国や社会の発展に寄与するように高等教育のあり方を方向づけたり、拡大した高等教育の質を保証するための措置を講じたりしている。

前者に関する1つの側面は、重点的な財政支援を通じて国際的に高い評価を得る大学の形成を図る政策の実施である。中国では、以前から特定の大学に重点的な財政支援を行う措置がとられていたが、1990年代半ば以降「211プロジェクト」や「985プロジェクト」が始まり、世界水準に追いつき世界一流大学を形成することがめざされるようになった。台湾では、1990年代末に世界レベルの研究大学育成をめざす「大学学術卓越発展プロジェクト」が始まり、続く「国際一流大学及び先端的研究センターに向けたプロジェクト」では世界トップレベルの大学を形成することが目標とされた。韓国では、1999年に「頭脳韓国21世紀事業」(BK21)により世界水準の大学院育成をめざし、2008年からは文字通り「世界水準の研究中心大学(World Class University)育成」事業が始まっている。そして日本では、世界的な研究教育拠点の形成や国際競争力のある世界最高水準の大学づくりを推進することを目的とする「21世紀ＣＯＥプログラム」が2002年に導入され、2007年には「グローバルＣＯＥプログラム」に展開された。2014年からは「スーパーグローバル大学創成支援」事業が始まっているが、その柱の1つは世界レベルの教育研究を行うトップ大学の育成である。

また、質の維持・向上をめざす大学評価も、どの国でも行われるようになっている。中国では、1990年に大学の教育評価に関する規定が定められ、2008年からは教育部高等教育教学評価センターによる本科課程の教学評価が行われた。この評価は、2013年からは第2期が進行中である。台湾では、1994年の「大学法」改正時に関連規定が盛り込まれ、2007年には「大学評価規則」が制定されて、2012年からは学生の学習成果の質保証を中心とする評価が始められている。韓国では、1980年代に設立された韓国大学教育協議会などにより大学評価事業が試行され、1994年からは「大学総合評価認定制」(機関評価)、翌年からは学問領域別評価が始まった。その後、「認定制」は廃止となり、現在では各大学での「自己点検・評価報告書」の作成と、関連情報の義務的表示というしくみへと移っている。日本では、1991年の大学設置基準大綱化に伴い大学自らによる自己点検・評価の努力義務が明記され、2002年には一定期間ごとに認証評価機関による評価（認証評価）を受

ける制度が導入された。

　このように、東アジア各国では1980年代以降、大学教育でも大学院教育でも大きな量的拡大が見られるとともに、国によって背景や程度には違いもあるものの、大学と政府との関係が変化し、大学に対する政府の直接の関与は弱まって大学の運営自主権は拡大された。同時に、一方では世界的な教育研究拠点や世界一流大学の形成をめざす重点的財政支援政策がとられ、他方では高等教育の質の維持・向上を図る評価制度の導入・整備が行われている。このような変化は、提供される高等教育を多様化させることになり、高等教育を受けようとする者の量と質を変える。それによって、いかにして優秀な、あるいは自らにふさわしい学生を確保するのかという観点から大学入学者選抜や大学院入学者選抜の方法が見直されるようになり、政府あるいは関連組織によって定められたマクロな枠組みの中で、大学によって異なる方法がとられる状況を生じさせている。

3. 各国の大学入学者選抜と大学院入学者選抜

　それでは次に、これまで検討してきた各国の大学入学者選抜と大学院入学者選抜の制度的枠組みと近年の状況をまとめよう。詳細は第1章から第4章までの記述を参照してもらいたい。

1　中　国

　中国の大学入学者選抜においては、教育部や教育部試験センターが大きな役割を果たすとともに、各省・自治区・直轄市（以下、省と略）に設置された新入生募集委員会も選抜の重要な過程に関わっている。教育部は毎年、選抜の実施に関する比較的詳細な通達を出しており、その枠の中で選抜が行われる。そのうち最も大きな影響を持っているのは、1950年代から今日まで、文化大革命の期間を除いて実施されている全国統一大学入学試験であり、この試験の成績のみで合否が決まる割合が非常に大きい。ただし、この学力筆記試験の試験科目は「3+x」という形式で具体的には省ごとに決定されてお

り、出題も省によって、教育部試験センターが作成する全国統一問題を使用することもあれば当該省が独自に出題することもあるという状況になっている。同時に、推薦入学や自主学生募集など多様な選抜方法も、規模は小さいながら実施されている。とくに自主学生募集では、各大学に選抜に関する自主性が一定程度与えられ、書類審査や個別に実施する筆記試験、面接試験などを通じて自らにふさわしい学生を選ぶしくみがとれるようになっている。

　大学院入学者選抜に関しても、教育部が全体的な方針や規定を定め、全国統一試験の実施を組織するほか、各省の新入生募集委員会が当該地区の碩士課程大学院生募集の管理活動に責任を負う体制となっている。選抜の過程では、第1次試験として学力筆記試験が課され、試験科目のうち政治理論や外国語、数学といった基礎科目が全国統一試験として出題されるほか、一部の専門科目も全国統一で出題されるようになっている。それ以外の科目は各大学により出題される。この試験で一定の成績を収めて合格となった者は、各大学で実施される第2次試験に参加する。第1次試験は全国統一で行われ、第2次試験の日程は各大学で定められる。近年は、こうした選抜以外に、推薦による試験免除方式が拡大している。これは、優秀な現役の本科課程卒業生を対象に、推薦を通じて全国型の学力筆記試験（第1次試験）を免除し、大学が個別に試験を行って合格者を決める方法である。これも各大学の自主性を拡大することにつながっている。

2　台湾

　台湾の大学入学者選抜は、教育部が法規の策定などを通じて比較的強く関与するものの、実施にあたっては大学の連合組織である大学学生募集委員会聯合会が組織され、それが設定した枠の中で各大学が自らふさわしいと考える具体的な選抜方法をとることが可能である。選抜方法としては、学力筆記試験を主とするルート（試験分配入学制）と、学力筆記試験以外の多様な指標を用いた選抜ルート（選抜入学制）が整備されてきている。そして、全国型の学力筆記試験として学科能力テストと指定科目試験の2つが用意されている。学科能力テストは5科目すべてを受験する必要があるのに対して、指定

科目試験は受験者が志願する大学・募集単位が求める科目のみを受ければよい。学力筆記試験を主とするルートでは、大学（募集単位）によって、この両方の試験を受けることを求める場合と、指定科目試験の成績のみで合否を決める場合があり、近年は後者の比率が高まっている。学力筆記試験以外の多様な指標を用いた選抜ルートとしては現在、「個人申請」という自己推薦をもとに、筆記試験、面接試験、書類審査などを用いる選抜や、「繁星推薦」という高級中学在学時の成績を指標として用いる選抜がある。ただし、これらのルートでも学科能力テストの受験が求められている。

　大学院入学者選抜では、やはり教育部が法規を策定して大枠を定めている。その中で、大学レベルにおいて募集要項が統一的に作成されるとともに、出願、試験実施、合格者発表などの時期がある程度まとめられ、またいくつかの試験科目は全学レベルで作成されている。各募集単位はその中で自らの選抜方法を決定する。選抜方法には大きく、学力筆記試験を主とする一般的なルートと、面接試験や書類審査をより積極的に利用するルート（選抜審査試験）による選抜がある。2つのルートをどのように組み合わせるかは募集単位によって異なっている。また、一般的なルートでも学力筆記試験よりも面接試験や書類審査を重視する募集単位が約1割を占めるなど、両者の違いは必ずしも厳密ではないし、大学入学者選抜とは異なり、学力筆記試験が必ず課されるというわけでもない。もっとも、大学でおおよその日程が統一されていたり全学共通の出題が行われたりすることもあって、同一大学内である程度の共通性が確認できる。

3　韓　国

　韓国の大学入学者選抜は、大統領が替わるたびに選抜方法が変更されるというように、短い周期での改革が続いてきた。1994年からは大学修学能力試験が導入され、高校内申成績と大学別考査とあわせて合否を決定するやり方が導入されたが、大学ごとの考査（学力筆記試験）はその後廃止され、内申成績は「総合学生生活記録簿」によることになった。また、1990年代には特異な才能を持つ学生や特別な配慮を必要とする層の学生を対象とする特

別選考が導入された。この中には、2005年度にソウル大学で導入された地域均衡選抜も含まれる。こうした地域均衡選抜など、学力筆記試験のみによらない多様な指標を用いた選抜の導入、拡大が図られてきた。加えて、2007年度から、入学査定官が多様な資料を審査して合否を決める制度である入学査定官制度が導入されている。こうした選抜でより強調されるようになっているのは、高校段階での活動の成果である。同時に、各大学の自律性が謳われ、現在は政府が直接関与するのではなく、大学の連合体である韓国大学教育協議会がある程度の方向性を示しつつ、その中で各大学が自らにふさわしいと考える学生を選ぶしくみが構築されている。

　大学院入学者選抜では、教育部（中央教育行政部門）はほとんど役割を果たしておらず、各大学が全学的に大きな枠組みを定めたうえでそれぞれの募集単位が実際の選抜方法を決めている。機関レベルでは大学院委員会が設置され、この委員会と全学レベルの大学院入学者選抜担当部署とで全学的な方針や日程の決定、広報、出願受付や合格者の確定・発表などが行われている。そのため、同一大学内では選抜はおおよそまとまった時期に行われる。募集要項も大学でとりまとめて公表されている。選抜方法としては、1980年代には学力筆記試験の成績が選抜の重要な指標として用いられていたが、現在では、募集単位によって多様な方法がとられるようになっている。ただし、筆記試験の重要性が低く、面接試験（口述試験）の結果が比較的重視されている点は共通の傾向である。また、出願時に英語（外部試験）の成績が求められることも多い。

4　日　本

　日本の大学入学者選抜では、文部科学省（文部省）から毎年出される「大学入学者選抜実施要項」が大きな枠組みを定めているが、各大学・学部（募集単位）はその中でそれぞれ自らにふさわしいと考える選抜を行っている。その結果、全体として大学入学者選抜は非常に多様になっている。以前は学力筆記試験の成績による選抜（一般入試）が比較的大きな比率を占めていたが、近年では推薦入試やＡＯ入試が拡大してきている。この傾向はとくに私

立大学で著しい。しかも、それぞれの実施方法は募集単位によってかなり異なっている。全国型の学力筆記試験として現在大学入学センター試験が実施されているが、その利用方法も大学や募集単位によって多様である。一方で、大学によっては学内の各学部が実施する選抜方法を総合的に検討・調整する委員会が設置されていたり、一般入試を中心に学部を越えた共通問題が作成されたりしており、大学を単位とした共通性の指向も見られる。

　大学院入学者選抜も、文部科学省から出される実施要項に依拠しながら、大学・研究科によって多様な実施状況が見られる。募集要項も多くの大学では研究科ごとに作成されているし、実施方法はもちろん、日程や提出を求める書類なども研究科によりまちまちである。また、同一大学内のみならず、同じ専門分野でも大学によって異なった様相を示している。ただし、選抜方法にはある程度の共通性も見られ、ほとんどの場合筆記試験が課され、しかも外国語と専門科目の学力が測られている。英語能力に関してTOEFLをはじめとする外部試験の成績を用いる研究科や、口頭試問（口述試験）が課されない研究科もあるが、基本的な形式として「筆記試験（外国語＋専門科目）＋口頭試問（口述試験）」となっている研究科が比較的多い。

4．比較的考察

　前節でまとめた各国の状況は、選抜の実施体制と選抜方法に注目すると、**表5-2**のように整理することができる。各項目の上段は実施体制、下段は選抜方法を示している。

　本節では、この表を手がかりとして、比較的な分析を行う。以下ではまず、大学入学者選抜、大学院入学者選抜それぞれについて、主として選抜の実施体制と具体的な選抜方法に着目して国別の異同を検討する。それから、両選抜をあわせて見たときの国別の特徴と、大学教育段階と大学院教育段階の入学者選抜の相違を考察する。

表5-2　東アジア諸国における大学入学者選抜と大学院入学者選抜（まとめ）

	中国	台湾	韓国	日本
大学入学者選抜	・教育部が選抜に関する通知を毎年公表 ・省レベルの新入生募集委員会が大きな役割 ・一部の選抜では各大学に自主性が与えられている	・教育部によって定められた入学者選抜に関する規定が存在 ・選抜の実施を調整する大学連合組織が存在 ・選抜方法は大学・募集単位ごとに決定	・関与への強い意思が行政府（大統領）にある ・韓国大学教育協議会が入学者選抜の方針を調整 ・個別大学の自主権が拡大	・文部科学省が実施要項を公表 ・選抜方法は大学・募集単位ごとに決定 ・全学レベルでの確認・調整、出題がある
	・全国型の学力筆記試験が大きなウェートを占める	・学力筆記試験を核とする選抜と、多様な指標を用いる選抜が併存 ・後者でも全国型の学力筆記試験を利用 ・高校段階の成績にもとづく選抜が存在	・大学修学能力試験による選抜と多様な指標を用いる選抜が併存 ・入学査定官による選抜 ・高校段階の活動成績が重視されるようになっている	・全国型学力筆記試験はあるが、選択的な使用 ・学力筆記試験を課すかどうかも含めて多様
大学院入学者選抜	・教育部が選抜に関する通知を毎年公表 ・第2次試験は大学（募集単位）で実施 ・推薦による試験免除方式は大学で実施	・教育部によって定められた入学者選抜に関する規定が存在 ・選抜方法は募集単位ごとに決定 ・大学内で共通試験が実施される大学もある	・選抜方法は募集単位ごとに決定 ・全学的な調整が行われることはある	・文部科学省が大枠のみ策定（大学入学者選抜よりも簡素） ・選抜方法は募集単位ごとに決定
	・全国統一試験科目を含む筆記試験と面接試験の組み合わせ ・推薦による試験免除方式では全国統一試験を課さない	・学力筆記試験を核とする選抜と多様な指標を用いる選抜が併存	・筆記試験が重要な指標となる選抜はほとんどない ・面接試験で合否を決める募集単位が少なくない	・筆記試験は基本的に課される。問題は募集単位ごとに出題されることが多い ・口頭試問（口述試験）が課されることも少なくない

出典：筆者作成。

1 大学入学者選抜制度の比較

まず大学入学者選抜の実施体制や具体的な選抜方法について4か国の異同をみると、次の4点を指摘することができる。

第1に、大学入学者選抜において、中央政府（教育行政部門）または関連する組織や機関が調整や監督、指導といった機能を有している点がある。中国では毎年教育部から実施要項が通達されるし、台湾では実施の原則が教育部によって策定されている。両国では原則として、全国統一型の学力筆記試験を対象大学すべてに課しているし、ある選抜方法を採用できる機関の認可が中央政府によって行われている。韓国では、大統領が替わるたびに大学入学者選抜方法の見直しが行われており、この点は、直接的ではないかもしれないが政府の強い方向づけが存在することを示唆している。日本では、選抜方法は基本的に大学・学部によって定められているが、文部科学省（文部省）が毎年「大学入学者選抜実施要項」を公表しており、国立大学協会のガイドライン、中央教育審議会答申などもその決定に影響を与えている。どの国でも大学入学者選抜は大きな関心事になっており、それが適正に実施されることは社会的に重要である。そのため、大学の運営自主権が拡大しても、それに一定の条件を付すような制度の基本的な枠組みが中央政府（教育行政部門）または関連の組織や機関によって定められていると考えられる。もちろん、政府が直接関与するのか、関連はあっても政府外の組織や機関に委ねられているのかは大きな違いだし、それぞれの国の選抜における共通の枠組みとしてどのような事項が設定されているのかは改めて検討すべき点である。

第2に、選抜の方法をみると、どの国でも学力筆記試験に対する信頼が見られる。多くの者からある少数の者を選び出すうえでの効率性や、選抜の公平性・客観性の確保を考えた場合、学力筆記試験は有効な方法の1つであると考えられる。韓国や日本では、学力筆記試験以外のやり方で選抜する方法の比率が高まっているが、従来学力筆記試験が重視されてきたし、中国、台湾では現在でも、どのような選抜方法であっても、学力筆記試験の成績が合否決定の大きな基準の1つになっている。これと関連して、全国的な学力筆記試験が実施されている点も4か国に共通している。もっとも、その形式や

利用方法は国によって異なっている。

　第3に、近年の改革としてどの国でも多様な選抜方法の導入が進められている。その背景には、一度の試験で進学（将来）が決まってしまうこと、またそのために受験競争が激化することへの批判や、進学者の増加、大学で必要な能力に対する考え方の変化、また学力筆記試験のみによる選抜では必ずしも望ましい学生を確保できないとか、選抜の指標を多様化させることで大学の自主権を拡大させたいといった政府の考えが存在している。ただし、学力筆記試験を主として用いない選抜方法が占める比率は4か国で大きく異なっている。台湾や韓国は、大学によってはかなり多くの募集定員をそうした選抜方法で確保するようになっている。日本では、全体では推薦入試とAO入試をあわせて大学入学者の4割以上を占めているが、設置形態によりかなりの違いがある。中国はまだ小さな規模にとどまっている。

　また、選抜に用いられる主な指標には、提出書類の審査結果、学力筆記試験の成績、面接試験（口述試験、口頭試問）の成績がある。これらの組み合わせが各国でどのように見られるのかを具体的に考えると、**表5-3**のようになりそうである。指標の組み合わせで「○」のついていない指標がまったく利用されていないということはないし、それぞれの国で「有」としたパターンしか存在しないのかどうか網羅的に確認できているわけではないので、この表はあくまでも主要なパターンを類型化したにすぎない。「筆記試験（のみ）」（Ⅴ）が伝統的なパターンだとすると、韓国や日本では学力筆記試験を用い

表5-3　選抜指標の組み合わせパターン（大学入学者選抜）

	指標の組み合わせ			各国での主要パターン			
	筆記試験	面接試験	書類審査	中国	台湾	韓国	日本
Ⅰ	○	○	○	有	有	有	有
Ⅱ		○	○			有	有
Ⅲ	○	○			有	有	有
Ⅳ			○			有	
Ⅴ	○			有	有	有	有

出典：筆者作成。

ないパターン（Ⅱ、Ⅳ）まで比較的明確に存在していて、中国や台湾よりも多様化していると言える。

　第4に、現在、入学者の（狭義の）学力の担保という点では国による違いがある。繰り返しになるが、中国、台湾では国公立か私立かを問わず、またどのような選抜方法かを問わず、基本的に全国統一の学力筆記試験に参加し、相対的に高い得点をとることが重要である。その成績がどの程度重視されるかは選抜方法によって異なるものの、こうした措置がとられていることによって一定の学力を有していることが合否を決める基準として機能しており、学力の担保がある程度可能になっている。これに対して韓国では、大学修学能力試験が行われているが、大学ごとの個別試験は認められておらず、学力筆記試験を課さない選抜もある程度の規模を有している。また日本では、一般入試においても私立大学を中心に少数科目のみで選抜が行われることがあるし、推薦入試を含む特別入試やＡＯ入試では学力筆記試験が課されないことも多い。韓国では「総合学生生活記録簿」が選抜の資料として用いられることになっており、高校在学中の成績によって学力の担保が図られている可能性はあるが、日本では学力の担保が十分でないおそれがある。ただし現在、大学で学ぶ前提となる学力や大学教育についての考え方が転換しつつあり、このことは大学入学者に求める能力としての学力やそれを測定する指標を再考する契機になっている。

2　大学院入学者選抜制度の比較

　次に、大学院入学者選抜の実施体制や具体的な選抜方法について、主として選抜のしかたに着目して横断的に眺めると、次のように概括できるだろう。

　第1に、選抜基準の決定とその共通性について見ると、中国で第1次試験として全国統一試験科目を含む全国型の学力筆記試験が課されている点が非常に特徴的である。多くの専門分野では専門科目が大学ごとに出題されているものの、全体的に比較的共通性の高い基準が想定されていると言える。それに対して台湾と韓国は、選抜基準の決定が各大学（募集単位）に委ねられている。そして基本的に各大学（募集単位）が適切だと考える基準が設定さ

れており、共通性は必ずしも意図されていない。ただし、募集要項が大学を単位として作成されており、大学内での共通性が認められる場合もある。日本は、台湾や韓国と同様、各大学、とりわけ各募集単位（研究科）が選抜方法を決定しており、募集単位や大学を越えた調整はほぼ見られない。

　第2に、選抜に用いられる主な指標には、提出書類の審査結果、筆記試験の成績、面接試験（口述試験、口頭試問）の成績がある。台湾や韓国、日本では、選抜基準のみならずどのような指標で選抜するかが大学（募集単位）ごとに決められるので、これらの統一的な組み合わせというものはなく、多様な組み合わせ方が存在している。それを整理すると、各国でとられている主な組み合わせのパターンとして**表5-4**のようなものが抽出できそうである。これも、表5-3と同様、あくまでも主要なパターンとして示したものである。

　この表によれば、中国では基本的に、大学院生は「筆記試験＋面接試験」（Ⅲ）で選抜が行われている。大学推薦で全国統一試験を免除される選抜ルートでも、個別の大学で筆記試験が課されている。韓国と日本は、大学（募集単位）の決定権が大きいが、組み合わせという点での多様性はそれほど大きくない。すなわち、韓国では「面接試験＋書類審査」（Ⅱ）が多くて、一部筆記試験が用いられている場合には「筆記試験＋面接試験＋書類審査」（Ⅰ）となっているし、日本では「筆記試験＋面接試験」（Ⅲ）や「筆記試験（のみ）」（Ⅴ）が主要な組み合わせである。もちろん日本の場合、面接試験や総合評価の際に提出書類もあわせて評価することはあるだろうが、書類審査の結果が点数化されて総合評価の一部に加えられるということは寡聞にして知

表5-4　選抜指標の組み合わせパターン（大学院入学者選抜）

	指標の組み合わせ			各国での主要パターン			
	筆記試験	面接試験	書類審査	中国	台湾	韓国	日本
Ⅰ	○	○	○		有	有	
Ⅱ		○	○		有	有	
Ⅲ	○	○		有	有		有
Ⅳ			○		有		
Ⅴ	○				有		有

出典：筆者作成。

らない。一方台湾では、2つの選抜ルートが制度化されていることもあり、「書類審査のみ」(Ⅳ)というパターンまで含めて表5-4に挙げた5つのパターンがすべて見られ、対象とした中では最も多様性が認められる。

　第3に、試験科目の幅に目を向けると、これもやや粗い整理になるが、中国では筆記試験で政治理論科目と外国語科目、専門科目が課され、比較的幅広い内容がカバーされているのに対し、台湾での筆記試験は専門科目が中心で、一部外国語（英語）が課されることがあるという状況である。日本でも類似の状況となっている。そして韓国では筆記試験の利用自体がほとんどなくなっており、専門的知識についても面接試験で問われている。

　これと関連して、外国語、とくに英語能力が重視されていることは、日本を含む4か国での選抜指標における数少ない共通点の1つである。もっとも、その評価のしかたは必ずしも同じでない。中国では全国統一筆記試験の科目として課され、韓国では出願時の提出書類として外部試験の成績が求められている。台湾と日本は両者の間にあり、ある募集単位では自ら筆記試験を課し、別の募集単位では外部試験の成績を用いている。

　第4に、上述したような選抜指標や試験科目の多様性にもかかわらず、選抜にあたっての評価の主たる観点にはある程度の共通性が認められる。すなわち、外国語能力や専門知識、それに入学後学習や研究を行っていくための基礎的能力はどの国でも入学者選抜で測るべき項目となっている。各国の筆記試験では、専門分野の高度な知識よりも、その分野で研究を行ううえでの出発点となる程度の知識がしっかりと身に付いているかどうかが確認されているようである。また、こうした能力に加えて、興味関心ややる気・意欲に注意が向けられている点もどの国にも共通している。

　なお最後に、第5として、大学院入学者選抜の実施に係る権限の所在について整理しておきたい。**表5-5**は、入学者選抜に関して各レベルにどの程度の権限があるかを図式的にまとめたものである。これによれば、中国は政府レベルで具体的かつ指導的な規定が定められ、大学や募集単位はあくまでもその枠内で限定的に権限を行使するのに対して、対極に位置づけられる日本では、政府レベルで実施要項は出されるものの、それはかなり大綱的なもの

表5-5　大学院入学者選抜に係る権限の強さ

書類審査	中　国	台　湾	韓　国	日　本
政府レベル	強	弱	弱	弱
全学レベル	弱	中	中	弱
募集単位レベル	弱	強	強	強

出典：筆者作成。

にすぎず、具体的な実施に関しては大学、しかも個々の募集単位レベルに大きな裁量権が与えられている。台湾と韓国は、具体的な実施については募集単位ごとに多様な状況が見られるが、全学レベルで大学院入学者選抜を検討・調整する組織が作られており、統一の募集要項が作成されたり、日程のおおよその統一化が図られたりしている。

3　全体的な比較

それでは最後に、全体的な比較を行う。

まず、各国の大学入学者選抜と大学院入学者選抜をあわせて考えると、各国における2つの制度の間には一定の共通性が存在していることが見てとれる。最も典型的なのは中国で、どちらの選抜においても教育部の強い指導が行われ、大学入学者選抜はもちろん、大学院入学者選抜においてもいくつかの専門分野で全国統一の出題が行われているように、全国型の学力筆記試験を核とした制度設計がなされている。全国統一の学力筆記試験以外の多様な指標を用いた選抜は、大学の運営自主権の拡大を目的の1つとして導入されているが、その相対的な規模は依然としてかなり限定的である。ただし、大学の自主権拡大との関係で、「985プロジェクト」に加わっているような威信が高い大学ではこうした選抜の比率がやや高い。台湾では、統一的な法規が定められ、大学入学者選抜と大学院入学者選抜が統一的な枠組みで実施されている。選抜方法は募集単位によって決められるが、大学レベルでも一定の調整が行われる。どちらの選抜でも、学力筆記試験の比重が高い選抜方法と、学力筆記試験以外も用いながら多様な指標で選抜を行う方法の2つが主として設定されている。これらの国に比べると、日本と韓国はともに政府の果た

す役割が小さく、どちらの選抜についても、政府や関連組織が大きな枠組みを提示したうえで、選抜方法の決定が大学（募集単位）の手により大きく委ねられている。韓国ではそれに加えて、学力筆記試験以外の多様な指標を用いて選抜を行う方法への移行が急速に進んでいることも、大学入学者選抜と大学院入学者選抜のどちらでも見られる。それぞれの国における2つの制度のこうした共通性は、各国において高等教育を受ける者を誰がどのように選抜するのがよいか、選抜の指標として何に注目するのが適切かといった点で一定の考え方があることを想起させる。

　なお、このように見てきたときにやや不思議に思われるのは、日本では、大学入学者選抜で学力筆記試験を主としない選抜が拡大しているのに対して、大学院入学者選抜においては筆記試験が非常に重視されている点である。他国の状況をふまえれば、大学院入学者選抜において学力筆記試験を課さない選抜の比率が大学入学者選抜より高くなってよいように思われる。あるいは逆に、大学入学者選抜において、実態はともかくとして、学力筆記試験による選抜がよいと考えている教員が実際には多いのかもしれない。さらに、日本では他の3か国に比べて大学教育段階と大学院教育段階を異なるものとしてとらえる傾向が強いという可能性もある。もっとも、大学院入学者選抜について本書で事例的に対象としたのは研究志向の強い国立大学のみであり、その結果を大学入学者選抜の全国的状況と単純に比較するのは必ずしも適切ではなかろう。この点はさらなる検討を行う必要がある。

　次に、大学入学者選抜と大学院入学者選抜という段階に着目して横断的に見れば、実施体制としてはどの国でも、大学入学者選抜に比べて大学院入学者選抜の方が大学（募集単位）の自主性を発揮する余地が大きく設定されている。このことは、大学教育段階に比べて大学院教育段階の方が機関や募集単位の間での差異が大きく、画一的な対応では難しいと考えられているためだと推測される。そしてまた、上述したように日本はやや傾向が異なるものの、相対的に学力筆記試験の比重が低く、面接試験や書類審査を重視する度合いが高いことも共通点として挙げることができそうである。これは、大学教育段階と大学院教育段階とで必要とされる能力が異なるか、それを測るの

に必要な手段が異なると考えられていることを示唆している。もちろんこの点についても、学力筆記試験や面接試験、あるいはそれ以外の多様な選抜方法がどのように実施され、何がどのように測られているのかについてのより具体的な検討をふまえないといけないだろう。

5. おわりに

本章では、第1章から第4章まで検討した各国の状況をふまえて、4か国における高等教育改革動向の共通性を確認するとともに、各国の大学入学者選抜制度及び大学院入学者選抜制度の比較を試みた。

東アジア各国では1980年代以降、高等教育の量的拡大が進むとともに、大学に対する政府の直接的な関与は弱まり、大学の運営自主権は拡大された。同時に、世界的な教育研究拠点や世界一流大学の形成をめざす重点的財政支援政策や、高等教育の質の維持・向上を図る大学評価制度の導入・展開が行われている。このような変化は、高等教育を受けようとする者の量と質を変え、大学入学者選抜制度や大学院入学者選抜制度の見直しを促した。

各国の大学入学者選抜制度及び大学院入学者選抜制度を比較した結果として、1つには、各国における2つの制度の間には一定の共通性が存在していることが明らかになった。最も典型的なのは中国で、どちらの選抜においても教育部の強い指導が行われ、全国型の学力筆記試験を核とした制度設計がなされている。台湾では、2つの選抜を包括する法規が定められ、両者が統一的な枠組みで実施されている。どちらの選抜でも、学力筆記試験の比重が高い選抜方法と、学力筆記試験以外も用いながら多様な指標で選抜を行う方法の2つが設定され、具体的な選抜方法や2つの間での定員配分は大学ごとに定められている。韓国と日本はともに政府の果たす役割が小さく、政府や関連組織が大きな枠組みを提示したうえで、選抜方法の決定が大学（募集単位）の手により大きく委ねられている。

もう1つ、大学教育と大学院教育という段階に着目して横断的に見れば、どの国でも、大学入学者選抜に比べて大学院入学者選抜の方が大学（募集単

位）の自主性を発揮する余地が大きく設定されていることがわかった。また、日本はやや傾向が異なるものの、相対的に学力筆記試験の比重が低く、面接試験や書類審査を重視する度合いが高いことも共通点として挙げられる。

このようにみてくると、各国の大学入学者選抜、大学院入学者選抜は、それぞれの国で前提とされる条件や考え方と、それぞれの教育段階への入学に求めるべき能力を測る方法との組み合わせの中で具体的に決まってきていると言えよう。

注

1　詳細については、南部広孝「東アジア諸国における高大接続 ── 大学入学者選抜方法の改革に焦点をあてて」『高等教育研究（高大接続の現在）』第14集、日本高等教育学会、2011年、157–159頁を参照のこと。なお、横軸について、中国のみは政府が公表している「粗就学率」（本書第1章を参照）を単純に用いることはせず、それを他国との比較可能性を高めるために調整した数値を用いている。
2　図5-1において、横軸（x軸）として進学率をとった場合、その分母（当該年齢人口）と縦軸（y軸）の分母（後期中等教育段階の卒業者数）は、後期中等教育が普及するにつれて近似していく。その場合、分子は同一であることから、y=xに近い位置にプロットされることになる。
3　石川裕之氏（畿央大学）の教示によれば、韓国において、統計上の高等教育進学率は、2010年までは当該年度の高校卒業者に対する、現役で高等教育機関に合格した者の割合として求められていたが、2011年以降は当該年度の高校卒業者に対する、現役で高等教育機関に合格しかつ実際に登録した者の割合として算出されるようになっているという。
4　ＯＥＣＤ編著（稲川英嗣・御園生純監訳）『世界の教育改革3　ＯＥＣＤ教育政策分析』明石書店、2009年、106–107頁。同書の指摘はＯＥＣＤ諸国の動向に関するものであるが、他の国ぐにににもあてはまると考えられる。

終章　2つの入学者選抜制度から見えるもの

1．東アジア諸国における大学入学者選抜制度、大学院入学者選抜制度

　本書では、東アジア諸国 ── 中華人民共和国（以下、中国と略）、台湾、大韓民国（以下、韓国と略）、日本 ── を対象とし、高等教育の変遷及び大学入学者選抜制度と大学院入学者選抜制度の概要と改革動向をそれぞれ整理・分析したうえで、それらの比較的考察を行った。

　これらの国は、もとより歴史的・社会的条件が異なり、第二次世界大戦後の国のあり方もそれぞれ異なっていたものの、1980年代以降、どの国でも社会の整備や発展について政府が主導的な役割を果たす体制からの移行が見られ、それに伴って高等教育のあり方にも変容が生じた。すなわち、高等教育の量的拡大が進むとともに、大学に対する政府の直接的な関与が弱まり、大学の運営自主権は拡大された。同時に、世界的な教育研究拠点や世界一流大学の形成をめざす重点的財政支援政策や、高等教育の質の維持・向上を図る大学評価制度の導入・展開が行われている。もちろん前提となる条件が違うので各国で独自の改革も当然進められているが、これらの改革は比較的共通に認められるものである。

　各国の大学入学者選抜制度及び大学院入学者選抜制度を比較した結果明らかになったのは、1つには、各国における2つの制度の間には一定の共通性が存在しているということである。最も典型的なのは中国で、大学入学者選抜と大学院入学者選抜のどちらの選抜においても教育部による強い指導が行われ、全国型の学力筆記試験を核とした制度設計がなされている。その一方で、大学入学者選抜では各大学が主体的に資格や選抜方法を決定する制度が

導入され、大学院入学者選抜では学力筆記試験に加えて各大学での面接が行われたり、優秀な現役学生を対象とした別ルートが設けられやはり大学ごとに選抜を行ったりしている。つまり、入学者選抜に関する各大学の自主権は徐々にではあるが拡大する傾向がある。台湾もその共通性がわかりやすい。すなわち、2つの選抜を包括する法規が定められ、両者が統一的な枠組みで実施されている。どちらの選抜でも、学力筆記試験の比重が高い選抜方法と、学力筆記試験以外も用いながら多様な指標で選抜を行う方法の2つが設定されており、各大学（募集単位）はこの枠組みの中で、それぞれの方法での入学定員や選抜指標、その組み合わせ方などを決めている。ただし、学力筆記試験のあり方が大学入学者選抜と大学院入学者選抜とでは異なっており、前者では多様な指標で選抜を行う方法であっても全国型の学力筆記試験が課されているのに対して、大学院入学者選抜では学力筆記試験は大学（募集単位）ごとに実施されているし、課されないことも少なくない。

　韓国と日本はともに政府の果たす役割が相対的に小さく、政府や関連組織が大きな枠組みを提示したうえで、選抜方法の決定が大学（募集単位）の手により大きく委ねられている。そのうえで韓国では、大学入学者選抜では全国型の学力筆記試験があるものの、入学査定官制による選抜を含めて大学（募集単位）ごとで実施される選抜が拡大している。大学院入学者選抜では学力筆記試験自体が減少傾向にあり、面接試験を中心として大学（募集単位）ごとに選抜が行われている。一方日本では、大学入試センター試験が行われているが、この試験自体がアラカルト方式であり、またこの試験の成績をどのように利用するかも含めて選抜のしくみをどうするか、それから各選抜方法に入学定員をどのような比率で配分するかは大学（募集単位）によって定められている。大学院入学者選抜では学力筆記試験が課されるのが一般的だが、試験の実施、選抜方法の決定は大学、正確には各募集単位が行っている。

　比較考察の結果明らかになったもう1つの点は、大学教育と大学院教育という段階に着目して横断的に見れば、どの国でも、大学入学者選抜に比べて大学院入学者選抜の方が大学（募集単位）の自主性を発揮する余地が大きく設定されていることである。大学院入学者選抜において、中国では全国型の

学力筆記試験に加えて各大学で実施される面接試験が行われているし、台湾、韓国、日本では、大学入学者選抜において実施されているような全国型の学力筆記試験が大学院入学者選抜では存在せず、学力筆記試験自体が大学（募集単位）ごとに行われる。また、日本はやや傾向が異なるものの、学力筆記試験を主としない選抜方法が一定の比率で存在しており、この方法でも大学（募集単位）の自主性は大きい。こうしたこととも関連するが、大学院入学者選抜では大学入学者選抜と比べて、学力筆記試験の比重が低く、面接試験や書類審査を重視する度合いが相対的に高いことも共通点として挙げることができる。

2．各国内における大学入学者選抜と大学院入学者選抜の共通性

　改めて確認するまでもなく、大学入学者選抜制度も大学院入学者選抜制度も、どちらも高等教育を受ける者を選抜するために整えられている制度である。序章でも仮説的に述べたように、それぞれの社会は、国の体制を含む社会制度を基礎に、高等教育に求める人材像や大学像、公平観や公正観の点で共通の土台を持っていると想像されることから、各国における両制度に一定の共通性があることはむしろ当然のことであろう。

　中国では、中央政府が依然として大きな役割を果たしている。どちらの選抜に関しても毎年通達の形で実施方法が定められ、大学の自主権は徐々に認められる傾向にあるとはいえ、高等教育を受けるにふさわしいかどうかを判断するうえで政府によって管理された学力筆記試験が重要な位置を占めている。このような制度のあり方からは、各大学が合否決定を行うよりも政府によってコントロールされた選抜、また学力筆記試験を基礎とした選抜である方が公平、公正であるという考え、それから国によって統一的に実施される選抜を通じて選ばれた優秀な者が高等教育を受けられるようにするのが望ましいという考えが窺える。

　これに対して台湾や韓国は、入学者選抜に関する大きな枠組みが政府あるいは関連部門・組織によって示され、国公立大学のみならず私立大学まで一

律に守ることが求められている。その枠組みは、従来は統一的に決められていたものの、1980年代以降の民主化の動きなども背景としつつ、近年は大綱化してきている。現在の規定は、中国ほど具体的ではないものの、日本に比べれば細かく定められている。一方で、その枠内では各大学（募集単位）はそれぞれ自由に選抜方法を決めることができる。つまり、政府が統一的に選抜方法を定めることには否定的である一方で、大学がまったく自由に選抜方法を定めることにも懐疑的であると推測される。それから、従来は学力筆記試験が主要な選抜方法だったが、近年はそれを含めた多様な指標を用いた選抜が広まってきている。このことは、日本と同様、試験成績の強調が過度な受験競争を生んでいることへの危惧から、前教育段階の成績も含めた多様な指標による評価へ移行させることでそうした弊害を取り除きたいとか、たんに学力筆記試験で高得点をとれることが優秀であることを意味しないといった考えがあることを示唆している。

　日本は、やはり政府が入学者選抜に関する大きな枠組みを設定しているものの、それはあくまでも大綱的なものであり、具体的な選抜方法は各大学（募集単位）によって定められている。とりわけ大学入学者選抜においては、国立大学に関してはより限定された規定があるが、私立大学はより大きな自主権を持っている。また、学力筆記試験そのものが各大学で実施可能であり、しかもとくに大学入学者選抜ではそれ以外の選抜方法が利用される比率も高い。その結果、選抜の公平性、公正さは、個別大学における選抜について論じられることはありえても、制度全体についての議論は抽象的なものとなり、大きな方向性を示すという程度にとどまらざるを得ない。例えば、台湾や韓国で国内の地域格差に配慮した選抜が取り入れられているのに日本でそのような制度が全国レベルで導入されないのは、こうした点とも関係しているかもしれない。あわせて、選抜のあり方を通じて国全体として1つの大学像や期待される人材像を論じることも難しい。ただし、だからと言って政府を含めた大学外部からそれが強制されるのがよいとは思われない。大学の自主権を維持することは重要であり、それを前提として望ましい制度をデザインするよう努める必要がある。一方、日本のもう1つの特徴として、大学入学者

選抜と大学院入学者選抜で選抜のしかたに違いがあるという点がある。大学入学者選抜では全体として学力筆記試験の比重は低下傾向にあるが、大学院入学者選抜では基本的に筆記試験が課されている。こうした選抜方法上の不整合がなぜ生じているのかについてはさらなる検討が必要である。

3．大学入学者選抜と大学院入学者選抜
──教育段階の違いによる異同

　前節で述べたように、国ごとに共通の側面が認められることは確かだが、大学入学者選抜と大学院入学者選抜との間に違いがあり、それが国を越えて共通していることも、考察を通じて明らかになった。すなわち、どの国でも、大学入学者選抜に比べて大学院入学者選抜の方が大学（募集単位）の自主性を発揮する余地が大きく設定されている。これは、全体として政府のコントロールが強い中国でも同様である。全国型の学力筆記試験は大学院入学者選抜でも存在するが、科目が設定されない専門分野では個別の出題が認められているし、第2次試験は各大学で実施されることになっている。台湾や韓国では、大学入学者選抜では全国型の学力筆記試験が実施されており、この試験の成績が合否決定にあたり一定の影響を有しているが、大学院入学者選抜ではそうした学力筆記試験はなく、選抜方法は基本的に各大学で決められている。日本では、大学入学者選抜についても各大学に大きな権限が与えられているが、文部科学省から出される選抜実施要領における規定を見ても、大学院入学者選抜の方がより大綱的である。このことは、大学教育に比べて大学院教育は専門性がより高く、各大学（募集単位）における教育のあり方が多様でありうることから、各大学の大学院教育にふさわしい学生を受け入れるためには入学者選抜において大学（募集単位）の自主性をより高めるのが適切だと考えられていることを示唆している。

　また、選抜方法に着目すると、日本は異なる傾向を示しているものの、他の3か国では大学入学者選抜よりも大学院入学者選抜の方が学力筆記試験以外の多様な指標を利用している。中国では、大学入学者選抜においては学力筆記試験の成績が非常に重要な指標となっているが、大学院入学者選抜では

学力筆記試験に加えて面接などが行われている。台湾と韓国では、大学入学者選抜では学力筆記試験が比較的大きな比重を占めているが、台湾の大学院入学者選抜で学力筆記試験を課さない選抜ルートが一定の比率で存在しているし、韓国では基本的に書類審査と面接で合否が決定されている。これら3か国の実態からは、大学院教育を受けるのにふさわしいかどうかを判断するうえで学力筆記試験の成績を唯一の、または重要な指標として用いることは適切でなく、それ以外の指標と組み合わせて、あるいはそれ以外の指標によって選抜を行うのが望ましいと考えていると推測される。ただし、繰り返しになるが、日本では大学入学者選抜では学力筆記試験を課さない選抜が一定の比率で存在しているのに、大学院入学者選抜では基本的に筆記試験が課される選抜となっている。この点については、筆記試験が選抜の過程でどのように利用されているのかにまで踏み込んで検討する必要があろう。

このように、教育段階に着目すれば、国ごとに制度は同じではないものの、国を越えて共通の傾向が見てとれるのである。

4．まとめと今後の課題

本書では、東アジア諸国の大学入学者選抜制度及び大学院入学者選抜制度を対象とし、各国における両制度の概要と特徴、改革動向を整理したうえで、それぞれの制度について各国の共通点と相違点を比較分析するとともに、大学教育段階と大学院教育段階での共通点と相違点を横断的に考察してきた。その結果、各国において、大学入学者選抜制度と大学院入学者選抜制度との間には一定程度の共通性が認められた。このことは、高等教育を受ける者を選抜する方法を考える際にそれぞれの国で共通の土台があることを示唆している。一方でどの国でも、大学院入学者選抜は、大学入学者選抜に比べると大学（募集単位）の自主性がより大きく反映されるしくみとなっており、（日本はやや異なるが）筆記試験の比重が相対的に低いことが明らかになった。2つの選抜のこうした違いはそれぞれの教育段階に対する考え方の違いによると考えられる。以上のことからすると、各国の大学入学者選抜制度、大学院

入学者選抜制度は、当該国で前提とされる条件や考え方と、それぞれの教育段階での入学に求めるべき能力を測る方法との組み合わせの中で具体的に決まってきていると言える。

　最後に、本書を通じて日本では他国に比べて、選抜方法を決定するより大きな権限が各大学（募集単位）に与えられており、国全体としての制度設計が容易でないことが示された。しかし、だからと言ってそれぞれの大学（募集単位）が個々の事情をもとに選抜方法を自由勝手に決めてよいということにはならないだろう。むしろ、そのような制度設計になっているからこそ、各大学（募集単位）の構成員は自らに与えられた権限に対する責任をしっかり意識する必要がある。すなわち、社会が急速に変容し教育のあり方のとらえ直しが進む現在、よりよい大学教育、大学院教育を行うこと、そしてよりよい社会の構築に寄与することに自覚的になって、その観点からあるべき選抜方法を考えることが求められている。その際、近隣諸国で進められている改革の取り組みには参考になる点があると思われる。

　今後は、以上の知見をふまえながら、各国の状況や歴史的変遷についてさらなる検討を進めていきたい。日本を含め対象とした各国ではまさに現在進行形で大学入学者選抜の見直しが進められているので、そうした新たな制度改革の背景や目的、具体的な内容、またその改革がもたらした結果をとらえていくことが第1の課題である。同時に、そうしたその時々の改革動向の前提となる、各国の入学者選抜のあり方に通底する考え方をより明確にしていきたい。これが第2の課題である。第3の課題としては、大学院入学者選抜に関する研究を引き続き進めたい。日本も含めた比較研究は始めたばかりであり、とくに韓国や日本については事例的に検討したにすぎない。大学院入学者選抜については各国研究をさらに深めたうえでより精緻な比較を行いたい。あわせて、大学院教育段階における留学生が増加していることに鑑み、外国人留学生の受け入れや選抜の方法に関する研究も必要であると考えている。

引用・参考文献

1. 日本語文献

雨宮昭一『占領と改革（シリーズ日本近現代史⑦）』（岩波新書）岩波書店、2008年。

有田伸『韓国の教育と社会階層 ──「学歴社会」への実証的アプローチ』東京大学出版会、2006年。

石井光夫『東アジアにおける「入試の個性化」を目指した大学入試改革の比較研究』（平成18年度文部科学省先導的大学改革推進委託事業「受験生の思考力，表現力等の判定やアドミッションポリシーを踏まえた入試の個性化に関する調査研究」報告書第2分冊　研究代表者：石井光夫）東北大学、2007年。

石井光夫「中国」石井光夫『東アジアにおける「入試の個性化」を目指した大学入試改革の比較研究』（平成18年度文部科学省先導的大学改革推進委託事業「受験生の思考力，表現力等の判定やアドミッションポリシーを踏まえた入試の個性化に関する調査研究」報告書第2分冊　研究代表者：石井光夫）東北大学、2007年、27–65頁。

石井光夫『東アジア諸国における大学入試多様化に関する研究』（平成17～19年度科学研究費補助金（基盤研究（C）、課題番号17530548）研究成果報告書　研究代表者：石井光夫）東北大学高等教育開発推進センター、2008年。

石井光夫「台湾」石井光夫『東アジア諸国における大学入試多様化に関する研究』（平成17～19年度科学研究費補助金（基盤研究（C）、課題番号17530548）研究成果報告書　研究代表者：石井光夫）東北大学高等教育開発推進センター、2008年、143–183頁。

石井光夫「『一定の学力水準』と『幅広い能力』を保証する大学院入試 ── 中国の事例から」『東北大学高等教育開発推進センター紀要』第5号、東北大学高等教育開発推進センター、2010年、1–13頁。

石井光夫『拡大・多様化する大学院の入試の在り方に関する研究』（平成21～23年度日本学術振興会科学研究補助金（基盤研究（C）、課題番号21530820）研究成果報告書　研究代表者：石井光夫）東北大学高等教育開発推進センター、2012年。

石井光夫「実地調査記録」石井光夫『拡大・多様化する大学院の入試の在り方に関する研究』（平成21～23年度日本学術振興会科学研究補助金（基盤研究（C）、課題番号21530820）研究成果報告書　研究代表者：石井光夫）東北大学高等教育開発推進センター、2012年、97–101頁。

石井光夫「中国の大学入試改革と学力保証」『東北大学高等教育開発推進センター

紀要』第9号、東北大学高等教育開発推進センター、2014年、1–15頁。
石井光夫・申育誠「台湾の大学院入試 ── 『一定の学力水準』と『幅広い能力』の保証の観点から」『東北大学高等教育開発推進センター紀要』第6号、東北大学高等教育開発推進センター、2011年、11–23頁。
石川裕之「韓国における大学教育の質保証 ── プロセス管理の変革と学習成果アセスメント導入のインパクト」深堀聰子編『アウトカムに基づく大学教育の質保証 ── チューニングとアセスメントにみる世界の動向』東信堂、2015年、251–293頁。
石田浩『台湾民主化と中台経済関係 ── 政治の内向化と経済の外向化』関西大学出版部、2005年。
市川昭午・喜多村和之編『現代の大学院教育』玉川大学出版部、1995年。
井手弘人「韓国 ── 競争環境の再編と大学評価情報公開・活用の強化」北村友人・杉村美紀共編『激動するアジアの大学改革 ── グローバル人材を育成するために』上智大学出版、2012年、51–64頁。
岩田弘三「日本における教育接続の戦後史」荒井克弘・橋本昭彦編『高校と大学の接続 ── 入試選抜から教育接続へ』玉川大学出版部、2005年、83–104頁。
岩渕秀樹『韓国のグローバル人材育成力 ── 超競争社会の真実』(講談社現代新書) 講談社、2013年。
馬越徹「韓国高等教育の構造変革」馬越徹編『アジアの高等教育』(大学研究ノート第69号) 広島大学大学教育研究センター、1987年、53–59頁。
馬越徹「韓国 ── 教育先進国への道」馬越徹編『現代アジアの教育 ── その伝統と革新』東信堂、1989年、107–127頁。
馬越徹「韓国」権藤與志夫編『21世紀をめざす世界の教育 ── 理念・制度・実践』九州大学出版会、1994年、29–45頁。
馬越徹『韓国近代大学の成立と展開 ── 大学モデルの伝播研究』名古屋大学出版会、1995年。
馬越徹「韓国 ── 『世界水準』に向けての高等教育改革」馬越徹編『アジア・オセアニアの高等教育』玉川大学出版部、2004年、34–56頁。
馬越徹『韓国大学改革のダイナミズム ── ワールドクラス（WCU）への挑戦』東信堂、2010年。
馬越徹「韓国における学術・大学院政策の動向 ── 日韓比較の視点から」広島大学高等教育研究開発センター編『大学院教育の将来 ── 世界の動向と日本の課題』(戦略的研究プロジェクトシリーズⅡ) 広島大学高等教育研究開発センター、2010年、215–226頁。
江原武一・馬越徹編著『大学院の改革』(講座「21世紀の大学・高等教育を考える」第4巻) 東信堂、2004年。
ＯＥＣＤ編著（稲川英嗣・御園生純監訳）『世界の教育改革3　ＯＥＣＤ教育政策分析』明石書店、2009年。
王曙光他編『最新教科書　現代中国』柏書房、1998年。

王幡・南部広孝「大学院教育及び学位の管理体制」南部広孝編『文革後中国における大学院教育』(高等教育研究叢書69) 広島大学高等教育研究開発センター、2002年、29-40頁。

大崎仁『大学改革1945-1999』有斐閣、1999年。

大塚雄作・南部広孝「高等教育の改革動向」京都大学大学院教育学研究科教育実践コラボレーション・センター編集『21世紀における日本の教育改革 ── 日中学者の視点（日本語論文集）』京都大学大学院教育学研究科教育実践コラボレーション・センター、2010年、47-70頁。

大塚豊「文革期中国の大学入学者選抜に関する一考察 ── 教育と労働の結合の観点から」『大学論集』第8集、広島大学大学教育研究センター、1980年、111-126頁。

大塚豊「中国 ── 壮大な全国統一入試」中島直忠編『世界の大学入試』時事通信社、1986年、626-648頁。

大塚豊『中国高等教育関係法規（解説と正文）』(高等教育研究叢書8) 広島大学大学教育研究センター、1991年。

大塚豊『中国大学入試研究 ── 変貌する国家の人材選抜』東信堂、2007年。

小川佳万・南部広孝編『台湾の高等教育 ── 現状と改革動向』(高等教育研究叢書95) 広島大学高等教育研究開発センター、2008年。

尾中文哉「韓国における接続改革 ── 金大中入試改革の理念と実際」荒井克弘・橋本昭彦編『高校と大学の接続 ── 入試選抜から教育接続へ』玉川大学出版部、2005年、323-332頁。

金子満・松本麻人「韓国」文部科学省生涯学習政策局調査企画課『諸外国の教育改革の動向 ── 6か国における21世紀の新たな潮流を読む』ぎょうせい、2010年、283-322頁。

河合淳子「韓国の大学院入試制度と大学院教育について」京都大学国際交流推進機構国際交流センター／国際企画連携部門『平成24年度グローバル30事業 留学生渡日前入試選抜の導入検討に関する調査・研究』京都大学国際交流推進機構国際交流センター／国際企画連携部門、2013年、25-31頁。

韓立友「中国の大学院入試制度の調査」京都大学国際交流推進機構国際交流センター／国際企画連携部門『平成24年度グローバル30事業 留学生渡日前入試選抜の導入検討に関する調査・研究』京都大学国際交流推進機構国際交流センター／国際企画連携部門、2013年、11-16頁。

韓立友・河合淳子・森眞理子「東アジアにおける大学院入試の実態と国際的連携教育の可能性」『京都大学国際交流センター論攷』第4号、京都大学国際交流センター、2014年、17-36頁。

金泰勲「韓国」石井光夫『東アジアにおける「入試の個性化」を目指した大学入試改革の比較研究』(平成18年度文部科学省先導的大学改革推進委託事業「受験生の思考力、表現力等の判定やアドミッションポリシーを踏まえた入試の個性化に関する調査研究」報告書第2分冊　研究代表者：石井光夫) 東北大学、

2007年、103–115頁。
京都大学国際交流推進機構国際交流センター／国際企画連携部門『平成24年度グローバル30事業　留学生渡日前入試選抜の導入検討に関する調査・研究』京都大学国際交流推進機構国際交流センター／国際企画連携部門、2013年。
楠山研「学問学位と専門職学位」南部広孝編『文革後中国における大学院教育』（高等教育研究叢書69）広島大学高等教育研究開発センター、2002年、72–84頁。
楠山研「中国における大学入試改革の動向 ── 地方・大学への権限委譲に関する一考察」『京都大学大学院教育学研究科紀要』第51号、京都大学大学院教育学研究科、2005年、128–140頁。
楠山研「台湾の大学評価における学習成果導入のインパクト ── 競争にさらされる大学の自立と管理」深堀聰子編『アウトカムに基づく大学教育の質保証 ── チューニングとアセスメントにみる世界の動向』東信堂、2015年、216–234頁。
倉田秀也「分断以降の韓国政治史」国分良成編著『現代東アジア ── 朝鮮半島・中国・台湾・モンゴル』慶應義塾大学出版会、2009年、54–123頁。
黄福涛・李敏「入試選別に見る大学院教育 ── 2011年全国調査のデータ分析を中心に」広島大学高等教育研究開発センター編『大学院教育の改革』（戦略的研究プロジェクトシリーズⅥ）広島大学高等教育研究開発センター、2013年、85–94頁。
小林孝行「コリアの近代化と国際関係」小林孝行編『変貌する現代韓国社会』世界思想社、2000年、2–24頁。
佐々木享「戦後日本の大学入試制度の歴史」日本教育学会入試制度研究委員会編『大学入試制度の教育学的研究』東京大学出版会、1983年、35–57頁。
佐々木享『大学入試制度』大月書店、1984年。
椎名久美子・荒井清佳・杉澤武俊・小牧研一郎「法科大学院適性試験の受験者集団と法科大学院の入学者集団の推移」『大学入試研究ジャーナル』No.22、全国大学入学者選抜研究連絡協議会、2012年、57–64頁。
シデル、マーク（大塚豊訳）「中国の大学院教育：新しい歩み、新しい挑戦」馬越徹編『アジアの高等教育』（大学研究ノート第69号）広島大学大学教育研究センター、1987年、36–46頁。
衆議院調査局文部科学調査室『法科大学院の現状と課題』衆議院調査局文部科学調査室、2009年。
徐靜欣（南部広孝訳）「修士課程」小川佳万・南部広孝編『台湾の高等教育 ── 現状と改革動向』（高等教育研究叢書95）広島大学高等教育研究開発センター、2008年、47–56頁。
大学局大学課「大学入学者選抜実施要項の一部改正について（通知）」『大学資料』No.84、財団法人文教協会、1982年、69–73頁。
武田晴人『高度成長（シリーズ日本近現代史⑧）』（岩波新書）岩波書店、2008年。
趙卿我「韓国における『入学査定官制（Admissions Officer System）』の実態と課

題」『教育方法の探究』第13号、京都大学大学院教育学研究科教育方法学講座、2010年、17–24頁。

ドーア、R.P.（松居弘道訳）『学歴社会　新しい文明病』（同時代ライブラリー）岩波書店、1990年。

中岡まり「一党支配下の権力構造」家近亮子・唐亮・松田康博編著『5分野から読み解く現代中国 —— 歴史・政治・経済・社会・外交』晃洋書房、2005年、66–79頁。

中島直忠編『日本・中国高等教育と入試 —— 二一世紀への課題と展望』玉川大学出版部、2000年。

南部広孝「大学院教育の制度化」南部広孝編『文革後中国における大学院教育』（高等教育研究叢書69）広島大学高等教育研究開発センター、2002年、1–18頁。

南部広孝「大学院課程への入学」南部広孝編『文革後中国における大学院教育』（高等教育研究叢書69）広島大学高等教育研究開発センター、2002年、41–49頁。

南部広孝「新入生募集制度改革」黄福涛編『1990年代以降の中国高等教育の改革と課題』（高等教育研究叢書81）広島大学高等教育研究開発センター、2005年、89–97頁。

南部広孝「中国の大学入学者選抜における推薦入学制度の変遷」『大学論集』第37集、広島大学高等教育研究開発センター、2006年、169–180頁。

南部広孝『中国高等教育における入学者選抜方法の多様化に関する研究』（平成16年度～平成18年度科学研究費補助金（若手研究（B）、課題番号16730411）研究成果報告書　研究代表者：南部広孝）長崎大学アドミッションセンター、2007年。

南部広孝「台湾」石井光夫『東アジアにおける「入試の個性化」を目指した大学入試改革の比較研究』（平成18年度文部科学省先導的大学改革推進委託事業「受験生の思考力，表現力等の判定やアドミッションポリシーを踏まえた入試の個性化に関する調査研究」報告書第2分冊　研究代表者：石井光夫）東北大学、2007年、145–194頁。

南部広孝「高等教育行政」小川佳万・南部広孝編『台湾の高等教育 —— 現状と改革動向』（高等教育研究叢書95）広島大学高等教育研究開発センター、2008年、69–77頁。

南部広孝「台湾の大学入学者選抜における『繁星計画』の導入と展開」『大学論集』第39集、広島大学高等教育研究開発センター、2008年、129–144頁。

南部広孝『中国高等教育独学試験制度の展開』東信堂、2009年。

南部広孝「中国における大学教育評価の展開 —— 本科課程教学評価を中心に」塚原修一『大学経営の高度化とそれを支援する政策のあり方』（平成18～20年度科学研究費補助金（基盤研究（B）、課題番号18330182）研究成果報告書　研究代表者：塚原修一）国立教育政策研究所、2009年、99–117頁。

南部広孝「日本における大学教育の多様化」労凱声・山﨑高哉共編『日中教育学

対話Ⅲ』春風社、2010年、65–99頁。

南部広孝『東アジア諸国・地域における大学入学者選抜制度の比較研究』（平成19年度～平成21年度科学研究費補助金（基盤研究（C）、課題番号19530757）研究成果報告書　研究代表者：南部広孝）京都大学大学院教育学研究科、2010年。

南部広孝「教育改革の国際比較」江原武一・南部広孝編『現代教育改革論 ── 世界の動向と日本のゆくえ』(財)放送大学教育振興会、2011年、9–22頁。

南部広孝「東アジア諸国における高大接続 ── 大学入学者選抜方法の改革に焦点をあてて」『高等教育研究（高大接続の現在）』第14集、日本高等教育学会、2011年、151–167頁。

南部広孝「質向上をめざす高等教育改革の展開」辻本雅史・袁振国監修、南部広孝・高峡編『東アジア新時代の日本の教育 ── 中国との対話』京都大学学術出版会、2012年、141–157頁。

南部広孝「韓国出張報告」南部広孝『東アジア諸国・地域における大学院入学者選抜制度の比較研究』（平成22年度～平成24年度科学研究費補助金（基盤研究（C）、課題番号22530915）研究成果報告書　研究代表者：南部広孝）京都大学大学院教育学研究科、2013年、99–106頁。

南部広孝「比較教育研究の回顧と展望 ── 研究対象としての『制度』に焦点をあてて」『比較教育学研究』第50号、日本比較教育学会、2015年、137–148頁。

南部広孝「中国における学習成果にもとづく大学教育の質保証 ── 政府主導による多様な取り組みの促進」深堀聰子編『アウトカムに基づく大学教育の質保証 ── チューニングとアセスメントにみる世界の動向』東信堂、2015年、107–132頁。

南部広孝・楠山研『中国の大学入学者選抜における「自主招生」の現状（資料集）』（平成19年度～平成21年度科学研究費補助金（基盤研究（C）、課題番号19530757）　平成19年度中間報告書　研究代表者：南部広孝）長崎大学アドミッションセンター、2008年。

南部広孝・廖于晴「台湾における高等教育の構造分析」『大学論集』第43集、広島大学高等教育研究開発センター、2012年、153–167頁。

南部広孝・渡辺雅幸「インドと中国における大学入学者選抜制度 ── 現状と改革動向の比較的分析」『京都大学大学院教育学研究科紀要』第58号、京都大学大学院教育学研究科、2012年、19–42頁。

朴賢淑・石井光夫「韓国の大学入試改革と学力保証」『東北大学高等教育開発推進センター紀要』第8号、東北大学高等教育開発推進センター、2013年、13–26頁。

長谷川豊・南部広孝・吉村澄代「『中華人民共和国高等教育法』訳と解説（前編）」『季刊 教育法』第118号、エイデル研究所、1998年、36–44頁。

長谷川豊・南部広孝・吉村澄代「『中華人民共和国高等教育法』訳と解説（後編）」『季刊 教育法』第119号、エイデル研究所、1999年、41–47頁。

藤原彰『大系日本の歴史15　世界の中の日本』小学館、1989年。
文京洙『韓国現代史』(岩波新書) 岩波書店、2005年。
松本麻人「韓国における高大接続プログラム」小川佳万編『東アジアの高大接続プログラム』(高等教育研究叢書115) 広島大学高等教育研究開発センター、2012年、17–38頁。
森眞理子「台湾の大学院入試制度と大学院教育報告（国立清華大学）」京都大学国際交流推進機構国際交流センター／国際企画連携部門『平成24年度グローバル30事業　留学生渡日前入試選抜の導入検討に関する調査・研究』京都大学国際交流推進機構国際交流センター／国際企画連携部門、2013年、17–24頁。
文部科学省『文部科学統計要覧（平成26年版）』エムア、2014年。
文部科学省『文部科学統計要覧　平成27年版（2015）』日経印刷、2015年。
文部省『昭和28年度　文部省第81年報』文部省調査局統計課、1956年。
山本以和子「韓国大学入学者選抜の変容 ── 入学査定官導入後の展開状況」『大学入試研究ジャーナル』No.24、全国大学入学者選抜研究連絡協議会、2014年、105–111頁。
吉見俊哉『ポスト戦後社会（シリーズ日本近現代史⑨）』(岩波新書) 岩波書店、2009年。
劉語霏「大学入学者選抜制度」小川佳万・南部広孝編『台湾の高等教育 ── 現状と改革動向』(高等教育研究叢書95) 広島大学高等教育研究開発センター、2008年、23–34頁。
廖于晴「台湾における大学院教育の多様化政策 ──『在職クラス』の役割に焦点をあてて」京都大学大学院教育学研究科修士論文、2013年。
若林正丈「台湾」国分良成編著『現代東アジア ── 朝鮮半島・中国・台湾・モンゴル』慶應義塾大学出版会、2009年、349–402頁。

2．中国語文献

大学招生委員会聯合会・大学考試分発委員会『101学年度大学考試入学分発招生簡章』大学招生委員会聯合会・大学考試分発委員会編印、2011年。
大学招生委員会聯合会・大学甄選入学委員会『101學年度大學甄選入学「個人申請」招生簡章彙編』大学招生委員会聯合会・大学甄選入学委員会編印、2011年。
大学招生委員会聯合会・大学甄選入学委員会『101學年度大學甄選入学「繁星推薦」招生簡章彙編』大学招生委員会聯合会・大学甄選入学委員会編印、2011年。
付玉旺「2012年河北省高考報名情況統計与分析」『考試与招生』2012年第1期、2012年、4–5頁。
郭新立主編『中国高水平大学建設之路 ── 從211工程到2011計劃』高等教育出版

社、2012年。
何東昌主編『中華人民共和国重要教育文献（1949年–1997年）』（1976–1990年巻）海南出版社、1998年。
教育部編『中華民国教育報告書——邁向二十一世紀的教育遠景』教育部（台湾）、1995年。
教育部発展規劃司編『中国教育統計年鑑　1999』人民教育出版社、2000年。
教育部発展規劃司編『中国教育統計年鑑　2000』人民教育出版社、2001年。
教育部発展規劃司編『中国教育統計年鑑　2002』人民教育出版社、2003年。
教育部発展規劃司編『中国教育統計年鑑　2003』人民教育出版社、2004年。
教育部発展規劃司編『中国教育統計年鑑　2004』人民教育出版社、2005年。
教育部発展規劃司編『中国教育統計年鑑　2005』人民教育出版社、2006年。
教育部発展規劃司編『中国教育統計年鑑　2006』人民教育出版社、2007年。
教育部発展規劃司編『中国教育統計年鑑　2007』人民教育出版社、2008年。
教育部発展規劃司編『中国教育統計年鑑　2008』人民教育出版社、2009年。
教育部発展規劃司編『中国教育統計年鑑　2009』人民教育出版社、2010年。
教育部発展規劃司編『中国教育統計年鑑　2010』人民教育出版社、2011年。
教育部発展規劃司編『中国教育統計年鑑　2011』人民教育出版社、2013年。
教育部発展規劃司編『中国教育統計年鑑　2012』人民教育出版社、2013年。
教育部発展規劃司編『中国教育統計年鑑　2013』人民教育出版社、2014年。
教育部高等教育司編『中華民国高等教育簡介2012/2013』教育部（台湾）、2013年。
教育部高校学生司編『1977－2003年　全国研究生招生工作文献選編』（上）（下）北京航空航天大学出版社、2004年。
教育部教育研究委員会編『中華民国教育報告書　黄金十年、百年樹人』教育部（台湾）、2011年。
教育部統計処編『中華民国教育統計　民国103年版』教育部（台湾）、2014年。
教育部研究室編『中華人民共和国現行高等教育法規匯編』（上巻）人民教育出版社、1999年。
《教育規劃綱要》工作小組辦公室『教育規劃綱要学習輔導百問』教育科学出版社、2010年。
李海績・鄭新蓉主編『台湾教育概覧』九州出版社、2003年。
孫啓林『戦後韓国教育研究』江西教育出版社、1995年。
王忠烈主編『台湾、香港、澳門学位制度与研究生教育研究』中国人民大学出版社、1997年。
許智香「政権更迭後的教育方針　台湾光復至九年国教」経典雑誌編著『台湾教育四百年』経典雑誌、2006年、122–135頁。
楊学為編『高考文献　上（1949－1976）』高等教育出版社、2003年。
楊学為編『高考文献　下（1977－1999）』高等教育出版社、2003年。
張亜群等『中国研究生招生考試改革研究』広東高等教育出版社、2013年。

鄭旦華・于超美編『今日台湾教育』広東教育出版社、1996年。
《中国教育年鑑》編輯部編『中国教育年鑑　1996』人民教育出版社、1997年。
《中国教育年鑑》編輯部編『中国教育年鑑　2005』人民教育出版社、2005年。
《中国教育年鑑》編輯部編『中国教育年鑑　2011』人民教育出版社、2012年。
中華民国大学入学考試中心『我国大学入学制度改革建議書 ── 大学多元入学方案』中華民国大学入学考試中心、1992年。
中華人民共和国国家教育委員会計劃財務司編『中国教育成就　統計資料　1980－1985』人民教育出版社、1986年。
中華人民共和国国家教育委員会計劃建設司編『中国教育統計年鑑　1990』人民教育出版社、1991年。
中華人民共和国国家教育委員会計劃建設司編『中国教育事業統計年鑑　1995』人民教育出版社、1996年。
中華人民共和国国家教育委員会計劃建設司編『中国教育事業統計年鑑　1996』人民教育出版社、1997年。
中華人民共和国教育部『面向21世紀教育振興行動計画学習参考資料』北京師範大学出版社、1999年。

3．韓国語文献

『韓国統計年鑑（Korea Statistical Yearbook）　1971（第18号）』経済企劃院調査統計局、1971年。
『韓国統計年鑑（Korea Statistical Yearbook）　1981（第28号）』経済企劃院調査統計局、1981年。
『韓国統計年鑑（Korea Statistical Yearbook）　1991（第38号）』財団法人大韓統計協会、1991年。
『韓国統計年鑑（Korea Statistical Yearbook）　2000（第47号）』統計庁、2000年。
『韓国統計年鑑（Korea Statistical Yearbook）　2010（第57号）』統計庁、2010年。
『韓国統計年鑑（Korea Statistical Yearbook）　2012（第59号）』統計庁、2013年。
教育科学技術部・韓国教育開発院『2008 教育統計分析資料集』韓国教育開発院、2008年。
教育部・韓国教育開発院『2014 整理された教育統計』韓国教育開発院、2014年。
教育部・韓国教育開発院『2014 教育統計分析資料集（初・中等教育統計編）』韓国教育開発院、2014年。
教育部・韓国教育開発院『2014 教育統計分析資料集（高等教育・就業統計編）』韓国教育開発院、2014年。

あとがき

　わが国では、大学入学者選抜（大学入試）はずっと社会的に大きな関心事となっており、ことあるごとに見直しが叫ばれ、さまざまな改革案が議論されてきた。近年でも、例えば中央教育審議会では2012年に高大接続特別部会が設置されて検討が進められ、2014年12月に出された答申において、高大接続の観点から現行の大学入試センター試験にかわる新たなテストの導入や学力の多元的評価による個別選抜の確立が謳われた。それをふまえて文部科学省は、2015年1月に「高大接続改革実行プラン」を策定している。改革案に対しては否定的な意見もあるが、これが実現すれば大学入学者選抜制度全体が大きく変わることになるだろう。また、選抜方法の見直しや改革は各大学で行われてきているが、2016年度入試から東京大学では推薦入試、京都大学では特色入試が始まった。これまで一般入試以外の選抜方法の導入に必ずしも積極的ではなかった両大学が新しい種類の入学者選抜方法の実施に舵を切ったのである。これらの点からすると、現在から今後しばらくは大学入学者選抜方法の大きな変化の時期となるように思われる。

　このような状況の中で、本書は、わが国を含む東アジア諸国における大学入学者選抜と大学院入学者選抜（大学院入試）をあわせて、「入学者の選び方」という点から検討するとともに、それを通じて各国の特徴を考察したものである。このような研究枠組みを設定した理由については序章で説明しているので改めて繰り返すことはしないが、ここで1点だけ付け加えれば、大学入学者選抜だけを取り出してその「望ましい」あり方を議論しようとすることに対して違和感があるということがある。大学入学者選抜に関する議論では、ともすればそれだけを取り上げて、入学者をどのように選ぶべきかが論じられる。上述した2014年の中央教育審議会答申はそれを高校教育、大学教育

と一体化して論じており、それはもちろん重要な視点である。それに対して本書では、学部入学者を選ぶ大学入学者選抜と大学院入学者を選ぶ大学院入学者選抜という2つの制度には共通の土台（大学像や大学に期待する役割、大学が養成すべき人材像、社会における公平や公正に対する考え方など）があると仮定して、両者を比較検討することで各国の「入学者の選び方」の特徴を浮き彫りにしようとした。その背景には、大学教育段階と大学院教育段階は異なりそれぞれの入学者選抜の間に違いがあることは当然だが、それにもかかわらず両者にはそうした共通の基盤が存在するはずであり、それをふまえることなしに1つの制度だけを技術的に変えてもどこかで不整合が生じるおそれがあるのではないかという考えがある。

　中国、台湾、韓国では、わが国に比べて入学者選抜方法の変更が頻繁に行われている。各国における改革の方向性や具体的な施策の中には、わが国にとって参考になることも含まれているだろう。しかし、本書は、わが国における大学入学者選抜の改革論議にすぐ取り入れられる知見を提示することや、各研究科で大学院入学者選抜を検討する際に直接役立つ手がかりを提供することを必ずしも意図していない。そうではなく、むしろ、2つの入学者選抜制度の前提となっている考え方や各国の特徴を導出することで、その土台に何があるのかを考えようとした。同時に、2つの制度の異同を明確にし、それを手がかりとして2つの教育段階の違いを明らかにすることもめざした。それらは、一見迂遠なようであっても、大学や大学院の入学者選抜について地に足のついた議論を行うには必要だと考えている。

　単著で4か国を扱ったことは、わが国の比較教育研究として無謀だとみなされるであろうか。1か国について歴史的変遷や国の体制、社会的文脈をふまえて当該国の教育のありようを理解するだけでも大きな労力が必要なのに、わが国を含むとはいえ4つの国を対象にしてどこまで厳密に分析が行えるのかという疑念を持たれるかもしれない。わが国についてはともかく、筆者はもともと中国の教育を主たる研究対象としてきたので、中国と台湾については当該国の政府文書や統計資料、関連する先行研究にまで目配りをしたり、関係者から直接話を聞いたりして研究を進めることが可能だが、韓国は、数

度訪問しただけで長期滞在したわけでもないし、原語の一次資料を読むこともできない。韓国を扱った第3章を見ていただければわかるように、多くの記述は日本語で書かれた先行研究にもとづいているし、とくに統計資料の整理や理解については石川裕之先生（畿央大学）の手を煩わせた。それでも韓国を含めた4か国比較を試みたのは、東アジア諸国を全体として視野に入れることで、各国の分析は多少粗くなるとしても、この地域全体を見渡して入学者選抜についての考え方や制度の概要をまとめるとともに、それに対する筆者なりの見え方を示そうとしたからである。それが成功したかどうかについては筆者自身なお不十分さや物足りなさも感じるが、本書の内容をもとにして東アジア諸国の教育に関心を持つ方々と議論し、研究をさらに進展させることができればと期待している。

　本書の執筆にあたっては、多くを筆者がこれまで得てきた科学研究費補助金による研究成果に負っている。本書の内容に直接関係するのは、次の3つの研究課題である。10年ほどの間継続的に研究費の補助を受けられたことは研究を進めるうえで大いに役立った。

「中国高等教育における入学者選抜方法の多様化に関する研究」（2004年度
　〜2006年度、若手研究（B）、課題番号：16730411）
「東アジア諸国・地域における大学入学者選抜制度の比較研究」（2007年度
　〜2009年度、基盤研究（C）、課題番号：19530757）
「東アジア諸国・地域における大学院入学者選抜方法の比較研究」（2010年
　度〜2012年度、基盤研究（C）、課題番号：22530915）

　この間、これ以外にも本書の内容に直接関わる共同研究に参加させていただいたことはたいへんありがたかった。まず、白川友紀先生（筑波大学、当時）が研究代表者を務められた共同研究「中等教育の多様化に柔軟に対応できる高大接続のための新しい大学入試に関する実地研究」（2003年度〜2005年度、基盤研究（A）(1)、課題番号：15203031）に2004年度から加えていた

だいた。このとき台湾調査に同行させていただき、それが台湾の大学入学者選抜に目を向けるきっかけとなった。また、2006年度には石井光夫先生（東北大学）が主宰された「東アジア（中国、台湾、韓国）における「入試個性化」を目指した大学入試改革の比較研究」（文部科学省「先導的大学改革推進委託」事業）にお誘いいただき、各国の大学入学者選抜に関する聞き取り調査に同行させていただいた。これによって、韓国の大学入学者選抜にもより直接的に関心を持つようになった。さらに、2012年度には京都大学国際交流推進機構国際交流センター／国際企画連携部門によって行われた「留学生渡日前入試選抜の導入検討に関する調査・研究」（2012年度グローバル30事業、実施責任者：森眞理子先生）に参加させていただき、大学院入学者選抜に関する聞き取り調査のため韓国に訪問させていただいた。このほかにも、入学者選抜には直接関係ないものの、国際比較研究を行ういくつもの共同研究に参加させていただき、本書で対象とした国ぐにの社会や教育について理解を深める機会を得た。

　同時に、2002年4月から2008年3月まで長崎大学アドミッションセンターに所属したことは、筆者にとって貴重な経験だった。同大学の教員や職員の方々との関わりを通じて、大学入学者選抜に対してさまざまな考えがあることや、選抜のあり方を考えるうえでふまえるべきことがたくさんあることを改めて実感することができた。そして、自らの研究として中国高等教育に関心を持ちつつ、業務として大学入学者選抜の「現場」で働く中で、大学入学者選抜の日中比較、そして国際比較へと研究を展開させることになった。また、2008年4月から所属している京都大学大学院教育学研究科では、教育学部と教育学研究科それぞれの入学者選抜について先生方と検討し、まさに自らのこととして入学者選抜のありようを考えることになった。教育に関わるさまざまな専門分野で深い造詣をお持ちの先生方のご意見を伺うことで、筆者自身が入学者選抜をどのように考えているのかを改めて意識することができた。なおその過程で、2012年11月に「東アジア地域における大学入試改革」と題する公開シンポジウム（京都大学大学院教育学研究科主催）を開催できたことは思い出の1つである。

このように、本書は、自らの研究成果とともに、参加させていただいた共同研究での多くの先生方との議論や、所属先での業務経験などをふまえている。一々お名前を挙げない失礼をお許しいただきたいが、同じ共同研究に参加された先生方や一緒に仕事をさせていただいた先生方、職員の方々に感謝を申し上げたい。ただ、石川裕之先生（畿央大学）には上述したように韓国の統計資料について何度もご教示いただいたほか、韓国での聞き取り調査にも何度か同行していただいたので、ここに記してとくに謝意を表したい。

　また、本書の意義を認めてくださり、出版をお引き受けくださった東信堂の下田勝司氏に心から感謝申し上げたい。

　最後に、研究・生活の両面で日々支えてくれている妻桂紅と、今春生まれて初めての入学試験に挑み、「入学者選抜」を保護者の立場から実感させてくれた息子桂裕にもお礼を言いたい。彼には、試験の結果もさることながら、試験に挑戦した経験から成長の糧を得てくれることを願っている。

　平成27（2015）年11月

南部　広孝

索引

【あ行】

アドミッション・オフィス入試　132, 134
アラカルト方式　130, 173
李承晩　92
一般大学院（韓国）　97, 98, 100, 107
一般入試（日本）　132-137, 160, 161
李明博　95
運営自主権（大学の）　5, 6, 12, 27-30, 38, 58, 61, 98, 100, 150, 155, 157, 163, 168, 170, 172
AO入試　132, 133, 135, 136, 161, 164, 165
遠隔大学（韓国）　95-97

【か行】

改革開放政策　21, 27
科教興国　22, 28
学位条例（中国）　25, 30, 44
学科能力テスト（「学科能力測験」）　65-68, 70-73, 87, 158, 159
学校教育法（日本）　17, 18, 119, 121, 125, 126
学校推薦（台湾）　60, 67, 69-71, 73, 74
韓国大学教育協議会　99, 107, 113, 156, 160, 162
帰国子女入試　131-135, 148
技術大学（韓国）　16, 95-97
規制緩和　5, 58, 95, 119-121, 123, 127, 155
金大中　14, 93
金泳三　93
985プロジェクト　29, 30, 40, 156, 168
教育基本法（日本）　119, 120, 146, 147
教育大学（韓国）　16, 95, 96

教育部試験センター　35, 43, 46, 157, 158
共通第1次学力試験　129-131
京都大学　15, 140-144
グローバル化　3-5, 8, 9, 57, 93, 119, 125, 126
グローバルCOEプログラム　124, 126, 147, 156
軍事高等教育（中国）　15, 16, 24, 25, 53
弘益人間　94
「高考移民」　33
公正さ　8-10, 50, 175
高等教育法（韓国）　94-96, 99, 107, 114
高等教育法（中国）　23, 27, 28, 51
高等職業教育（台湾）　16, 59
高等専門学校　16, 59, 121, 124
公平性　8-10, 50, 64, 163, 175
高麗大学　109, 112
国際化　3, 5, 8, 57, 62, 93, 119, 120, 124
国立清華大学　14, 77
国立政治大学　71, 77, 84, 85, 89
国立大学発展計画案（韓国）　98
国立台湾師範大学　67, 84-86, 90
国立台湾大学　67, 77, 78, 81, 82, 84, 90, 91
「5・31教育改革案」　94
個人申請　66, 70-74, 159
国家中長期教育改革・発展計画要綱（2010-2020年）　23

【さ行】

在職クラス（台湾）　63, 88
産業大学（韓国）　16, 95-97
「3+x」方式　33, 158
三民主義　57
試験分配入学（「考試分発入学」）　65, 67,

68, 73, 74, 158
自主学生募集(制度)(「自主招生(制度)」)　38-40, 42, 43, 50, 54, 158
質(高等教育の)　5, 11, 23, 24, 28, 30, 58, 62, 63, 100, 124-127, 155-157, 170, 172
指定科目試験　65, 67-69, 158, 159
師範系高等教育(台湾)　16, 60, 61, 63
社会主義市場経済　21, 27, 28, 155
社会主義体制　5, 21
社会人入試　132-135, 148
重点的財政支援　12, 28, 31, 62, 63, 98, 123, 150, 155-157, 170, 172
蒋介石　56
申請入学(台湾)　65, 66, 73
深層面接　105, 115
新入生募集委員会(中国)　33, 35, 37, 43, 49, 76, 157, 158, 162
随時募集(韓国)　104, 105, 115
推薦入学(中国)　13, 31, 38, 43, 50, 52, 158
推薦入学(「推薦甄選」)(台湾)　65, 66, 73
推薦入学選抜(日本)　129, 131, 136, 164
推薦入試(日本)　131, 133-136, 161, 165
推薦による試験免除(中国)　45, 47-50, 158, 162
「スーパーグローバル大学創成支援」事業　124, 147, 156
「頭脳韓国(Brain Korea)21世紀事業」　98, 156
清華大学　29, 31, 39, 40
成人高等教育(中国)　15, 16, 24, 32, 51
世界化　93, 94
「世界水準の研究中心大学(World Class University)育成」事業　99, 156
世界大学ランキング　4, 124
世界貿易機関(WTO)　22, 57
接続(教育段階の)　12, 13, 15, 151, 152
接続率　151, 152

全国統一大学入試試験(中国)　31-34, 37, 38, 42, 50, 54, 157
全国統一適性試験　14
先端的大学をめざすプロジェクト　62
選抜審査試験(「甄試」)(台湾)　75-77, 79, 80, 82, 84-87, 90, 91, 159
選抜入学制(「甄選入学制」)　66, 67, 69-71, 158
専門学士学位　96
専門高校・総合学科卒業生入試　131, 132, 134, 135, 148
専門職学位(中国)　30, 45, 46, 52
専門職学位課程(日本)　122
専門職大学院(日本)　122, 126, 127
専門大学　16, 95-99
専門大学院(韓国)　97, 98, 100
専門大学院(日本)　125, 126
総合学生生活記録簿　103, 105, 159, 165
ソウル大学　95, 98, 104-106, 108-112, 116, 160
素質教育　23, 24, 41

【た行】

大学院教育　8-10, 12, 14, 17, 25, 27, 30, 43, 44, 52, 63, 75, 88, 90, 100, 125-127, 150, 151, 153, 154, 157, 161, 169, 170, 173, 176-178
大学院重点化　125
大学院入学者選抜　9, 10, 12-15, 20, 31, 43, 45, 49, 50, 63, 74, 76, 82, 84-87, 89, 100, 107, 108, 112, 113, 125-127, 137-140, 142-146, 150, 151, 157-162, 165-178
大学院入学者選抜実施要項　126, 137-139, 149
大学学術卓越発展プロジェクト　62, 156
大学学生募集委員会聯合会　74, 87, 158
大学教育　5-10, 12, 17, 52, 63, 65, 75, 90, 97, 106, 124, 128, 147, 148, 150-157, 161, 169, 170, 173, 176, 177

大学修学能力試験　101-103, 105, 159,
　　162, 165
大学設置基準　123, 125, 155, 156
「大学総合評価認定制」　99, 156
大学入学者選抜　6-10, 12-15, 17, 31, 33,
　　43, 49, 50, 52, 63, 64, 74, 86, 87, 100,
　　107, 113, 127-129, 132, 134-137, 145,
　　146, 150, 157-164, 168-178
大学入学者選抜実施要項　127, 128,
　　134, 137, 148, 149, 160, 163
大学入学予備考査　101, 102
大学入試センター試験　129-131, 133,
　　134, 136, 161, 173
大学（国立大学）の構造改革の方針　124,
　　147
大学評価　12, 29, 31, 52, 62, 94, 99, 125,
　　127, 150, 155, 156, 170, 172
大学法（台湾）　59, 61, 62, 75, 156
体制移行　21
第二次世界大戦　5, 12, 56, 129, 172
短期大学　16, 121-124
淡江大学　60, 84, 85
地域均衡選抜　104, 105, 160
「小さな政府」　5, 95, 119, 121
知識基盤社会　4, 8, 57
中国引揚者等子女入試　131, 134, 135
調査書（日本）　130-132, 138, 139, 143
全斗煥　92
定時募集（韓国）　105
TEPS（The Test of English Proficiency）
　　108, 116
TOEFL　108, 142-145, 161
党化教育　57
東京大学　125, 140-144
鄧小平　31
特殊大学院（韓国）　14, 97, 98, 100
特性化高校　104, 107, 115
特別選考（韓国）　102-105, 107, 112,
　　113, 160
特別入試（日本）　130, 132, 133, 165

【な行】

名古屋大学　140-144
211プロジェクト　28, 30, 40, 156
21世紀ＣＯＥプログラム　124, 156
日本語　44, 46, 53, 103
入学査定官（制度）　14, 19, 105-107,
　　160, 162, 173
能研テスト　129

【は行】

朴正熙　92
繁星計画　66, 67, 74
繁星推薦　67, 70, 73, 74, 159
「BK21」　98, 99, 100, 156
東アジア　9-13, 15, 150, 151, 157, 162,
　　170-172, 177
普通高等教育（台湾）　16, 59, 60, 63
普通高等教育（中国）　15, 16, 24-27, 29,
　　31, 32, 37, 51, 53, 54
平準化　94
北京大学　29, 31, 40-43, 47, 48
法科大学院（日本）　14, 145, 149
法人化（大学の）　62, 98, 123, 155
放送通信大学　16, 95-97

【ま行】

民主化　56, 61, 92, 93, 95, 98, 118, 119,
　　121, 155, 175

【や・ら行】

四小龍　56
リーディング大学院　127
留学生　8, 11, 13, 178
連合大学入学試験（台湾）　64, 65
連合募集　64
「六・二九民主化宣言」　92

著者紹介

南部　広孝（なんぶ　ひろたか）

1967年生まれ。京都大学教育学部卒業。同大学大学院博士後期課程学修認定退学。博士（教育学）。比較教育学専攻。広島大学大学教育研究センター（現高等教育研究開発センター）助手、長崎大学アドミッションセンター講師・同助教授（准教授）を経て、現在、京都大学大学院教育学研究科准教授。

〈主な著書・論文〉

『中国高等教育独学試験制度の展開』（単著、東信堂、2009年）、『中国高等教育独学試験制度関連法規〔解説と訳〕』（編訳、広島大学高等教育研究開発センター、2001年）、『文革後中国における大学院教育』（編著、広島大学高等教育研究開発センター、2002年）、『台湾の高等教育 ── 現状と改革動向 ── 』（共編著、広島大学高等教育研究開発センター、2008年）、『現代教育改革論 ── 世界の動向と日本のゆくえ』（共編著、(財)放送大学教育振興会、2011年）、『東アジア新時代の日本の教育 ── 中国との対話 ── 』（共編著、京都大学学術出版会、2012年）、「香港におけるトランスナショナル高等教育の展開」（『比較教育学研究』第43号、2011年）、「文革後中国における才能教育の展開 ── 教育普及政策下での取り組みを中心として ── 」（『比較教育学研究』第45号、2012年）、「ブータンにおける大学入学者選抜に関する一考察 ── 選抜の制度的枠組と実態 ── 」（『大学論集』第45集、広島大学高等教育研究開発センター、2014年）。

東アジアの大学・大学院入学者選抜制度の比較
── 中国・台湾・韓国・日本 ──

2016年2月15日　初　版第1刷発行　　　〔検印省略〕

定価はカバーに表示してあります。

著　者Ⓒ南部広孝／発行者　下田勝司　　印刷・製本／中央精版印刷

東京都文京区向丘1-20-6　郵便振替 00110-6-37828

〒113-0023　TEL (03)3818-5521　FAX (03)3818-5514

発行所　株式会社　東信堂

Published by TOSHINDO PUBLISHING CO., LTD.
1-20-6, Mukougaoka, Bunkyo-ku, Tokyo, 113-0023, Japan
E-mail: tk203444@fsinet.or.jp　http://www.toshindo-pub.com

ISBN978-4-7989-1332-2 C3037　Ⓒ Nanbu Hirotaka

東信堂

書名	著者	価格
比較教育学事典	日本比較教育学会編	一二八〇〇円
比較教育学の地平を拓く	山田肖子編著	四六〇〇円
比較教育学—越境のレッスン	森山下稔 徹編著	三六〇〇円
比較教育学—伝統・挑戦・新しいパラダイム	M・ブレイ 馬越徹・大塚豊監訳	三八〇〇円
国際教育開発の研究射程—「持続可能な社会」のための比較教育学の最前線	北村友人著	二八〇〇円
国際教育開発の再検討—途上国の基礎教育普及に向けて	小川啓一・西村幹子・北村友人編著	二四〇〇円
発展途上国の保育と国際協力	浜野隆・三輪千明著	三八〇〇円
トランスナショナル高等教育の国際比較—留学概念の転換	杉本均編著	三六〇〇円
中国教育の文化的基盤	顧明遠著 大塚豊監訳	二九〇〇円
中国大学・大学院入学者選抜制度の比較—変貌する国家の人材選抜	大塚豊	三六〇〇円
東アジアの大学・大学院入学者選抜制度研究	南部広孝	三三〇〇円
—中国・台湾・韓国・日本		
中国高等教育独学試験制度の展開	南部広孝	三二〇〇円
中国の職業教育拡大政策—背景・実現過程・帰結	劉文君	五〇四八円
中国高等教育の拡大と教育機会の変容	王傑	三九〇〇円
現代中国初中等教育の多様化と教育改革	楠山研	三六〇〇円
文革後中国基礎教育における「主体性」の育成—郷土教育の展開にみるアイデンティティの変容	李霞	二八〇〇円
「郷土」としての台湾—戦後台湾教育とナショナル・アイデンティティ	林初梅	四六〇〇円
ドイツ統一・EU統合とグローバリズム—教育の視点からみたその軌跡と課題	山﨑直也	四〇〇〇円
教育における国家原理と市場原理—チリ現代教育史に関する研究	木戸裕	六八〇〇円
中央アジアの教育とグローバリズム	斉藤泰雄	三八〇〇円
インドの無認可学校研究—公教育を支える"影の制度"	小原優貴	三二〇〇円
バングラデシュ農村の初等教育制度受容	日下部達哉	三六〇〇円
オーストラリアのグローバル教育の理論と実践	木村裕	三六〇〇円
開発教育研究の継承と新たな展開	青木麻衣子・佐藤博志編著	二〇〇〇円
[新版]オーストラリア・ニュージーランドの教育—グローバル社会を生き抜く力の育成に向けて	鴨川明子	四七〇〇円
マレーシア青年期女性の進路形成		

〒113-0023 東京都文京区向丘1-20-6　TEL 03-3818-5521　FAX03-3818-5514　振替 00110-6-37828
Email tk203444@fsinet.or.jp　URL=http://www.toshindo-pub.com/

※定価：表示価格（本体）＋税